できる子は本をこう読んでいる

小学生のための
読解力をつける
魔法の本棚

麻布学園国語科教諭
中島克治

できる子は本をこう読んでいる

小学生のための 読解力をつける 魔法の本棚

麻布学園国語科教諭 中島克治

はじめに

皆さんのお子さんは、読書が好きですか？
また、皆さんは、読書の機会をどのように与えていますか？

本を読むことが、子どもの情操を育てる上でとても大切だということは、この本を手にとってくださっている方々には、すでにお分かりのことと思います。
きっと、お子さんが幼いころは、本を読んできかせていたのではないでしょうか。

しかし、お子さんは小学生になり、なかなか本を手に取ろうとしない…
読書に導くにはどうしたらいいのか、そして読解力をつけるには本をどう読ませればいいのか…

私は現在、私立麻布《あざぶ》学園中学・高校で、現代文を教えています。

保護者の方や生徒たちからは、よくこんな相談を受けます。

「国語の勉強はどうしたらいいですか」

「どうやったら読解力がつきますか。やっぱり読書ですか」


私立学校受験生のための「私学展」（毎夏「東京フォーラム」で開催）でも、麻布中を志す子どもの保護者から同じような質問を受けました。

「本は好きなのに、読解問題で点がとれないのです」

「書く力をつけるにはどうすればいいでしょうか」

「国語が苦手で困っています。どういう勉強をしたらいいでしょうか」（この質問が一番多い）

いずれの方も、とても真剣なまなざしで、お子さんの将来や幸せを心から願っている様子です。こちらもその思いの熱さに、エールを送りたくなります。

「これからもくじけないで、がんばってほしい」と。
そして、いつも、その方やお子さんの人となりを考えながら、お答えしてきました。でも、短い時間の中ですから、「あのとき、ああ言えばよかった」「言葉の裏の思いをくみ取れなかった」というように、必ずなにがしかの悔いが残りました。

その後悔と、どうやったら読解力が伸ばせるのかという皆さんの疑問に、私なりに応えたいという思いが、この本を執筆するきっかけとなりました。

大学院を出た後、十七年間の教員生活を通し、改めて実感したことがあります。それは、読書の重要性です。
本文で繰り返し述べていますが、麻布の生徒たちを見ても、読書をしている生徒はやはり読解力があるのです。さらに言えば、その力は国語の成績の範囲にとどまらないのです。

この本では、自分の子どもに本を好きになってもらい、できれば読解力を伸ばしたい、国語を得意科目にしてやりたい（苦手意識をなくしたい）と考える方々のお役に立てるよう、私なりの処方箋をまとめました。

少しでもヒントになれば幸いです。

また、この本が狭い意味での目的——国語の成績の上昇——だけでなく、子どもたちの人間性を高めることにつながっていくことを希望します。

これからの次代を担う、子どもの心の中に、いろいろな人生や珠玉の言葉が蓄えられ、宿っていく。

これこそ、子どもたちへの何よりの贈り物であり、そして彼らにとっては何よりの宝物（そして武器）になるのではないでしょうか。

目次

第1章

読解力の育て方・伸ばし方

第2章

急がば回れ——読書は学力を高める近道

装丁・デザイン　阿部美樹子（気戸）
写真　山本まりこ

第1章

読解力の育て方・伸ばし方

「できる子」は読解力がある

私の職場である麻布学園は、中高一貫の男子校です。入学試験問題ではとくに国語の長文問題にボリュームがあり、かなりの読解力が要求されます。

そんな試験をクリアして入学してきた生徒たちですが、中には本を読む習慣がほとんどなかったり、読解力がいまひとつという子もいます。しかし、学習面でも生活面でも「できるヤツだなあ」と大人をも感心させるような生徒は、必ずと言っていいほど本をよく読んでいますし、高い読解力を備えています。

読解力とは、本を読んで書かれている内容を理解し、また、行間から書き手の言いたいことをくみ取る力です。つまり、書き手というひとりの人間と向き合えるかどうかであり、コミュニケーションの力にも通じます。

実際、私の教え子にこんな子がいました。

彼は部活動では主将として活躍し、成績は常に学年で上位です。あるとき、彼の所属する部でガラスが割れるという事故が発生してしまいました。このような場合、普通は教員が前面に出てあれこれ指導するものですが、彼は違いました。部員から事故当時の状況を聞き取り、事態を正確に把握しました。そして、割れたガラスの処理を学校内の担当部署に依頼するなど、自分たちにできる限りのことをやってから「このほかに先生に引き受けていただかなければならないことがありますか」と聞きにきたのです。この彼の対応にはつくづく感心させられました。

さて、彼にこのような行動をとらせる原動力となったのが「読解力」だと言ったら、皆さんはどう思われるでしょう?

日常生活の中で求められる読解力

本をよく読む子は感情が豊かです。それは感情的ということではなく、感情をうまくコントロールできるという意味です。人の心の奥深くを察することができるから、相手をむやみに傷つけることもないし、トラブルも防げる、つまり「読解力」があるのです。

前述の通り、読解力とは、文章を読み、書いてある内容や行間にこめられた思いをくみ取る力であり、筆者という人間と向き合うこと。読解力とは「人と向き合える力」のことなのです。

　日常生活では、自分の意見や立場ばかりを主張するのではなく、相手にも十分な配慮をしなければコミュニケーションはうまくいきません。そこに、相手の気持ちをくみ取るという「読解力」が必要とされているわけです。最近の子どもたちを見ていると、人の話が聞けなかったり、コミュニケーションがうまくいかなくなったりしているケースが増えているように感じられます。

　学校で「問題行動」を起こすような子どもたちにも気になるところがあります。彼らに共通しているのは「それをしたらどうなるのか」という、あたりまえの想像力がないということです。実際、かつて麻布学園でも度を越した悪さをした子が何人かいました。麻布は自由な学校で校則もほとんどありません。しかし、やっていいことかどうかは、校則以前の問題です。

　事が発覚してからの彼らは、深く反省しているように見えました。が、「なぜそんなことをしてしまったんだろうね」と問いかけると「つい出来心でやってしまいました」と答えるばかり。「なぜそんな行動をとってしまったのか、自分としても恥ずかしく悔しい」といったような感情がまるで見られなかったのです。

「人と向き合うこと」は、同時に「自分にどう向き合っていくのか」という内面の豊かさや想像力にも通じます。日常生活の中でこそ、こういった読解力が必要とされているのではないでしょうか。

読解力が育たない社会

さて、大人の世界ではどうでしょう。ご自身や周囲をあらためて見回してください。自分の意見を主張することには躍起になるけれど、人の考えには耳を貸さない人がいます。ヒステリックにまくしたてる大人や、理路整然と話しているようでいて、実は自分の考えを相手に押しつけているという大人も少なくありません。大人の世界でさえ、ただのわがままが「自己主張」としてまかり通っているようです。もはや社会そのものが、読解力を育てられない状況に陥っているかのようです。

しかし、読解力は豊かな心を育てるために必要なものです。

麻布学園の国語の入学試験問題が記述中心なのは、学校として、受験する子どもたちに、本当の意味での読解力があるかどうかを知りたいからであり、本当の意味で国語ができる子に入学してほしいと思うからです。

もちろん中学受験をしようがしまいが、読解力は人間が豊かに生きるために必要な能力です。そのためにもぜひ、できれば小学生のうちに人とどう向き合うのか、どう関わるのかということをしっかり教え、考えさせることで、読解力＝人間らしさを養ってあげてほしいと思います。

勉強だけの生活をさせないで

読解力は塾で習う国語の勉強だけでは育たないということは、少しおわかりいただけたのではないかと思います。競争の激しい中学受験となると「合格しさえすればいい」と考え、塾の勉強ばかりになってしまいがちです。お子さんに「合格したらあとは何をやってもいいわよ」なんて甘い言葉をかけてしまっているご家庭もあるようです。しかし、実はここで差が出てしまうのです。

小学校時代に自分自身で考える力を培っている子であれば「親はあんなこと言っていたけれど、入学してみたらそうそうバカなこともやってられないや」と気づくことでしょう。しかし、勉強ばかりで自分を顧みる時間がなかったような子は、一度道を外れてしまうとなかなか元に戻れず、成績も落ちる一方となるのです。

受験を通過していれば誰でも中学時代はそこそこの成績を維持できますが、それは受験勉強で上乗せしてきた学力にすぎません。麻布の中で見る限りでも、主要教科以外の実技科目で手を抜かない子は、高校になっても学力が落ちることはありません。勉強ばかりでは総合的な人間力の育成がなおざりになり、結果として成績もふるわないことが多いようです。

音楽や図工は受験のときこそ必要な教科

残念ながら、麻布でも芸術系の教科への取り組みが、いい加減な子が少なくありません。

たとえば音楽で楽譜が読めない子がいます。彼らは授業できちんと教わっているにもかかわらず、覚えようとしないのです。そういう子どもは「やらなくていい」教科を自分で決めてしまっているので、役に立たないと思ったことは切り捨てて当然だと考えています。

しかし、音楽や図工の時間があってこそ、国語や数学の勉強にも力が注げるのではないでしょうか。受験勉強中ならなおさら、演奏したり絵を描いたりすることに身をゆだねる時間を持つことで、勉強にも集中できるようになると思います。

実際、私の教員生活の中で、こんなことがありました。芸術科目に手を抜いている、もしくは苦手だと諦めている生徒たちに、きちんと取り組むよう求めました。すると、芸術科目だけでなく、全体的に成績の上がる傾向がみられたのです。

私自身は5歳のころからピアノを習っていました。ピアニストになるつもりはありませんでしたが、厳しい先生だったこともあり、毎日1時間はピアノを弾くのが習慣になっていました。それは受験の時期になっても変わらずに続いていました。ピアノを弾くと、たとえその日にいやなことがあっても気持ちがほぐれ、忘れさせてくれます。それは私にとって本当に貴重なひとときだったのです。

音楽や図工などの実技科目を大切にできないと、いずれ他の教科への知的好奇心さえも持てなくなってしまうのではないかと思います。勉強のために芸術に親しむわずかな時間をも取り上げてしまうのは、結果として子どもの学習への意欲までもぎ取ってしまいかねないということを、ぜひ心にとどめておいてください。

親自身の内面を見つめ直してみる

お母さんたちは子育てに一生懸命です。わが子には幸せになってほしいという思いから、子どもにいろいろなことを求めがちですね。しかし、ちょっと立ち止まって考えてみましょう。お子さんに「○○しなさい」と言っていることについて、お父さんやお母さん自身はできているのでしょうか？

自分ができていないことを子どもに要求するという姿勢は、あまりよいことではありません。完璧な親でなくていいのです。ただ、お子さんに求めるのであれば、まずご自身を高める努力をしてはどうでしょう。

内面を豊かにするということは、自分自身とどう向き合うかです。人間性を高めようとするお父さんやお母さんの姿を見れば、子どもはそれを見て頑張ろうと自然に思うようになるかもしれません。

親自身の読解力を検証してみる

お父さん、お母さんの中には、お子さんが国語の読解問題が苦手で困っているという方も少なくないでしょう。いえ、この本を手に取ってくださっている皆さんは、何かしらお子さんの読解力に悩みがあると考えるべきかもしれません。

国語の読解問題についての具体的な学習法は第4章で詳しく紹介しています。しかし、そこをお読みになる前に、まずお父さん、お母さんの読解力について考えてみましょう。

あなたは、仕事や人間関係などでつまらないことがあったとき、イライラした気持ちをお子さんやパートナーにぶつけていませんか？　子どもに「勉強しなさい」「本を読みなさい」と言いながら、自分は大人だし忙しいのだからやらなくていいと思ってはいませんか？

そういうときに「しかたがなかった」「自分は悪くない」と、うやむやにすませてしまっているとしたら、あなたの読解力には問題があるといえます。自分の気持ちにばかりとらわれて相手の気持ちを推し量ることを忘れてしまっているのは、明らかに読解力不足です。

文章を深く読み取るために必要なことは、その人が日ごろどう生きているかということが関係しています。子どもに読解力をつけさせたいと願うのであれば、まずはその土台となる「家族が互いに思いやる気持ち」が大切なのです。

それでは次から、子どもがより豊かな人間性や読解力を育むために、親としてどのような接し方をしていけばよいのかを考えてみることにしましょう。

子どもからのアプローチを無視しない

小学校低学年ごろまでの子どもというのは、親が忙しいかどうかはおかまいなくスキンシップを迫ってきたり（小学生でも抱っこしてほしがったりします）、一緒に遊びたがったりもします。たいていの場合は「ちょっと待っててね」と言いますよね。

そして、そう言いながら結局は相手をしてあげられなかったということもあるのではないでしょうか。

しかし、できればひとつ用事が終わったところで（次の用事が控えていたとしても）子どもに向き合ってみましょう。ほんの数分でもいいのです。「後で」と言ったら、ちゃんと行動に移すことが子どもの気持ちを満たすために重要です。これをせずに放っておくと、子どもは親に対して何も期待しなくなります。そして自分の気持ちや要求を伝えたり、親の気持ちを読み取ろうとすることをやめてしまうのです。

子どもからのアプローチを無視せず、少しずつでも応えていこうとすれば、子どもは「自分の気持ちをわかってくれている」と感じます。そういう安心感は、やがてさまざまなことに対する意欲を持つ心のベースとなっていくのです。

子どもの前で人の悪口を言わない親でいよう

たとえば、学校の先生に対して100％満足している親御さんは少ないと思います。しかし、たとえ不満があったとしても、子どもの前でそれを言ってはいけません。これは先生に対する悪口だけのことではありません。どんな場合でも、親は子どもの前で人の悪口を言うべきではないのです。陰口や批判的なことばかり言っている人の心は貧しく、その貧しさは子どもにもしっかり伝わってしまいます。

また、悪口というほどではないネガティブな発言も、できるだけ慎みたいものです。たとえば、電車の中で見かけた人について「こんな変な人がいた」という話を聞かされるのと、「すてきな帽子をかぶっている人がいた」といういいイメージの話を聞かされるのでは、子どもの心の世界の広がりが明らかに違うはずです。文句ばかり言っているのもいただけません。親の言葉は子どもにストレートに伝わってしまいますから、配慮が必要でしょう。

できれば、日ごろからものごとを肯定的に見る目をやしなっておきたいものです。ネガティブな言葉は、あまり意識をしていないのについ口をついて出てしまうことが多いのではありませんか？　これを解決するには、日々の生活の中で、常にものごとを前向きかつ肯定的に考える習慣づけをすることです。もしネガティブなことを言ってしまっても、すぐに気持ちを切り替えればいいのです。それでも行き詰まってしまったら、お子さんと散歩でもしながら、道端の草花や美しい夕焼けなどに目を向けてみるのも、気持ちの切り替えには効果的です。

ただし、間違っても「この花は○○っていうのよ。ほら、図鑑で調べてごらんなさい。受験で出るかもしれないしね！」などと「教育的」な視点から子どもに強制するような言葉をかけないでください。花を見たときに「きれいね」と、子どもと世界を共有するだけで十分。そのほうが子どもの感受性を育てるように思います。

ある程度の方向づけをしてあげよう

親が子どもに望むもののベスト5に入ると思われるものに「自主性」があげられます。わが子にはぜひ自主的に勉強してもらい、自分のことは自分でできるようになってもらいたいと望んでいるお父さん、お母さんは多いのではないでしょうか。しかし、思春期を控えた小学生にそれを望むのはまだ早いのです。

子どもは親に方向づけられた中でこそ安心して歩んでいけます。その道は、広すぎて自主性ばかり尊重されても、狭すぎて親にしばられすぎていてもいけません。そもそも自主性とは、子どもの内面が育ってから形づくられていくものです。一般的には第二次性徴のころになって「自分の身体の変化を隠したい」という思いを持つようになる時期と連動し、自分自身を深めていくようになるのです。

ですから、まだ内面が育っていない小学生に自主性を求めるのは無理なのです。小学生のうちは、お父さんやお母さんがさりげなく方向づけをしてあげるほうが、心の安定につながります。思春期までにそのベースとなる部分を育ててあげましょう。しっかりした土台を築いてきた子どもは、その後、人間性をぐっと深めていくようになります。

小学生に「責任」をとらせないで

お子さんが自分で決めたことを守れなかったときに「自分で決めたのだから責任を持ってやりなさい」と言ってしまったことはありませんか。日々のお手伝いなどについてなら問題はありません。しかし、これが中学受験のことでしたら、子どもにとってあまりにも酷でしょう。

とくに子どもの成績がいまひとつ伸び悩んでいるという時期は「自分で選んだのだから、頑張りなさい」という言葉をかけがちです。それまで頑張ってきたのだからもう少しやってみようね、という応援の意味であればまだしも、突き放した言い方をしたなら子どもは傷つきます。言いすぎてしまったと気づいたら、素直に謝ることも必要です。

何かをするときに、子ども自身に選ばせるのはよいことだと思います。しかし、それがうまくいかなかったときに責めてはいけないのです。子どもの世界に大人の論理を持ちこんではいけません。「失敗しちゃったね」などと声をかけ、事実をそのまま受け止めてあげてください。その後、さりげなく軌道修正したりアドバイスすることで、子どもが安心して前に進める環境づくりをしてあげましょう。

読解力を高める会話力

コミュニケーションの基本は会話です。まず、家庭内でいろいろなことについて会話が交わされているかどうか振り返ってみましょう。たとえば、夫婦の会話はありますか？　その日の出来事や世相、子どものことから仕事のことまでいろいろなことを話し合っているでしょうか？

夫婦仲がよく、会話がある家庭では、子どものコミュニケーション能力によい影響を与えます。なぜかというと、子どもは最も身近な大人である親からコミュニケーションを学ぶからです。そして、会話のある家庭は安定していることが多いので、子どもは安心して自分をさらけ出し、相手の話を聞こうとするようになります。会話を通して相手を理解しようとする基礎ができる、これこそが読解力をつける第一歩です。

お子さんとの会話はどうでしょう。よく話しているように思えても、その内容をよく見直してみると、「〇〇しなさい」と命令・指示口調で一方的に話しかけていることも多いのではないでしょうか。もちろん、そういう言い方が必要な場面もあるでしょう。

しかし、いつも命令・指示口調ばかりでは、子どもの考える力、行動する力を押さえこんでしまいます。お父さんやお母さんも、かつて自分の親に「勉強しなさい」と言われて「よし、頑張ろう」と思ったことなど、まずないでしょう？

子どもの表現力をみがく方法

先日、街なかで幼稚園に通っているとおぼしき子どもとその母親が口論をしていました。もちろん、聞いたのは途中からです。

子「お母さんなんか嫌いだ！」
母「親に向かって、何てことを言うの？　お母さんもあなたのこと嫌いよ」
子「なんでぼくのことを嫌いって言うの？」
母「あなただって私のことを嫌いだって言ったじゃないの」
子「それはお母さんが約束を破ったからだよ。いくら忙しいからって約束を破っていいの？」

さて、この後、母親がどう答えたと思いますか？　また、皆さんならどんな言葉を返したでしょうか？

傍線を引いた子どもの発言は、なかなか鋭いところをついていますね。後ろから聞いていた私は、第三者として「小さいのに、なかなかいいことを言うな」と感心してしまいました。詳しい事情はわかりませんが、この会話から察する限りでは、約束を守らなかったお母さんの態度に子どもが反発していたようです。

結局、このお母さんは「そんなこと言ったってしょうがないでしょ！」と言って子どもを突き放してしまいました。たいていの親はこう答えるでしょうし、それぐらい言い合えるほうが健全な親子ともいえます。しかし、もしここで「あなた、今いいことを言ったわね」と言ったら、子どもはどんな表情をするか考えてみてください。

子どもは折に触れて面白い表現をします。大人ならまず使わない言い回しをしてみたり、思いもよらないとらえ方をしますね。そういう経験は、どの親にもあることでしょう。何げない、しかしユニークな子どもの表現に気づき、感心できること、これは子どもの表現力を飛躍的に高めます。

彼らなりに考えた表現に対して、親たちがさまざまなリアクションやプラスの評価をすることによって、子どもに言葉をあやつる楽しさを体験してもらうのです。ときには聞きかじっただけの難しい言葉を振り回すこともありますが、それをほめたり、いろいろな使い方を示したりしながら、言葉を使って遊んでみてください。

辞書などで意味や用法を一緒に確認するのもよいでしょう。そういう積み重ねがあると、実際に本を読んだときに表現の面白さに興味を持つことができ、いろいろな言い回しを見つけたり、作中の登場人物の書き分けを実感できるようになるのです。

日常の何げない会話も、少し意識して子どもと関わっていくことで、結果として子どもの語彙が増え、表現力が高まります。そういう経験を重ねることで、確実な読解力を育んでいけるのです。

子どもと見るテレビ番組は

子どもと一緒にテレビを見るとき、子どものために意識していることはありますか？　子どもにとって教育上よいと思われる番組だけを見せたいところですね。でも実際には、親もお笑い番組やバラエティーを見たいことがあるでしょう。一緒に笑い合えるのはいいことでもあります。子どもにいいところを見せようと、無理して教養番組ばかりを見るのは、本音で言えばつまらないかもしれません。

しかし、たまには教養番組やニュースなど、報道番組を一緒に見てほしいと思います。中には興味深い番組もあるでしょう。報道番組ではときに凶悪な事件を扱うこともあるので、子どもの発達段階に応じて、そういうニュースからはさりげなく遠ざける配慮も必要です。こういった番組を通じて社会のトピックに目を向けるきっかけを作ることによって、子どもの世界が広がると思います。

テレビの見せ方にも工夫を

テレビを見るときには、わざとでいいので「へぇー」とか「なるほど！」「すごいねぇ」などと、相づちを打ってみてください。きっと子どもは反応してきます。そうしたらすかさず「あなたはどう思う？」などと子どもの意見を引き出してみてください。

これは自分の考えを表現するいい練習になります。もちろん意見が引き出せなくてもかまいません。大切なことは、そういう会話を通じて知らなかったことを知り、ちょっと難しそうに思えることも自分なりに扱ってみるという経験です。また、さまざまな情報のインプットに対して、会話という形で子どもなりにアウトプットすることは、実践的な読解力と深く結びついていくことでしょう。

このような会話が習慣になってくると、子どもは「なぜ?」「どうして?」と、あれこれ問いかけてくるようになります。ときには難しくて答えられない場合もあるかもしれませんが、できるだけ説明してあげてください。上手に説明できなくてもいいのです。要は「説明しようという姿勢」をしっかり見せておくことです。そうして子どもが自分の言葉で語ろうとしたら、しめたものですよ。

テレビの情報をさらに深めてみる

もし、子どもの質問が親にもわからないことであれば「一緒に調べようか」と誘い、国語辞典や図鑑などを開いてみましょう。

小学生向けに、理科や社会のキーワードをわかりやすく解説している『なぜ？どうして？　科学のふしぎ』『どんどん知りたい科学の「なぜ」40』（池内了・監修　小学館）、『世の中まるごとガイドブック　基礎編』『同　応用編』（池上彰・監修　小学館）などもおすすめです。

内容は大人が見ても読み応えがあるものなのですが、子どもの関心に沿ってわかりやすく、しかしごまかしなく書かれています。子どもの知的好奇心をサポートするには最適の入門書と言えそうです。

こういった本をテレビの教養番組や報道番組と合わせて活用すると、さまざまな知識がよりダイナミックに連携し始めます。読書といえば物語ばかりというお子さんもいるでしょうが、論理的、科学的な文章との出会いにより、語彙は飛躍的に増えます。

書店や図書館に行けば子ども向けの科学、社会についての読み物はたくさん置いてあります。そういう本を親子で一緒に選んで買うのも、楽しい体験になるはずです。

好きな番組の紹介文を書かせてみる

新聞のテレビ欄には、いくつかの番組をピックアップして内容が紹介されていますね。皆さんもここを読んで実際に見るかどうか決めることもあるでしょう。このテレビ欄を子どもに作らせてみると、楽しいですよ。

たとえば『ドラえもん』を見た後に、テレビ欄に載せる宣伝文句を作らせるのです。これは内容を要約する練習として、とても楽しく取り組める方法です。もし自分がプロデューサーだったら、どういう言葉を使って視聴者にアピールするでしょう。また、より多くの人たちに見てもらうには、どんな言葉を使ってどういう表現をすればいいでしょう。

決まった字数の中で、過不足なくその番組の宣伝をするのは意外に難しいものです。内容の紹介だからといっても、結末まで全部書いては宣伝にはなりませんよね。そういうことまで配慮しなければなりませんから、けっこう頭の体操になります。いきなり長文を読んで要約をさせるよりは、まず子どもが楽しめるところから取り組んでいくといいですね。

読解力を高める最強の方法が読書

ここまでに紹介してきたのは、すべて読解力の養成につながることばかりですが、読解力を高めるために最もおすすめするのは、やはり「読書」です。読書は手軽で場所や時間を選びませんが、得られるものは計り知れません。

麻布学園では、本を読ませることにとても力を入れています。創立100周年を記念して建てられた図書館には、現在8万冊の蔵書があります。質・量ともに高い水準を維持して、生徒の知的好奇心・探求心にできるだけ応えるようにしているのです。これは「自主的創造的な学習活動の場」として図書館を提供し、生徒の成長を期待する学校からのメッセージでもあります。さらに読書を定着させるため、「読んでおきたい本のリスト」として毎年800冊の推薦本を紹介しています。

基本的に、読書とは楽しむものです。国語の成績を上げたいとか、読解力をつけるために本を読むというのでは本末転倒。しかし、読書が読解力をつける基礎になるのもまた、間違いのない事実です。実際、私は教師として多くの生徒と接していますが、名作をたくさん読む子に国語ができる子が多いのは確かだと断言できます。

読書は読解力をつけるために最も効果的な方法です。読み進む中で「次はどうなるんだろう」と、書かれていることを理解しようとしたり、想像力をふくらませることで考える力がつきます。また、登場人物と自分自身を重ね合わせることで、人間のさまざまな感情や行動を知り、想像することができるようになります。つまり、登場人物の心を「読解」することにつながるからです。

同時に、読解力とは、日々の生活の中でのさまざまな気持ちや体験が、子どもの内面で言語化され、根づく中で生まれる総合力でもあるのです。どこからでも、どんな具合にでも、子どもの考える力や表現力を高めるきっかけはあるということです。ドリルで問題を解いているだけではダメで、小学校のうちは日常生活の中での親の創意工夫がどうしても必要です。そういう生活基盤があって読書をすることで、よりすぐれた読解力が身につくことでしょう。

もちろん、無理はしないでください。それぞれの家庭でできる範囲で取り組んでいただければ十分です。完璧にこなそうとする必要は全くありません。そもそも完璧な親などどこにもいないのです。親はどこかブロークンなほうが子どもも安心できるはず。どうぞ肩の力を抜いて、できるところから少しずつ始めてみてくださいね。

第2章

急がば回れ——
読書は学力を高める近道

本を読む子と読まない子

「本を読むと読解力がつき国語力が高まる」ということは誰もが知っていることでしょう。読書は学力の土台になる大切なものですし、力のある生徒は自然と本に親しんでいます。

最近、高校2年生のある生徒が経済学の本を読んでいるところに出くわしました。聞けば、半年ほど先に提出する課題の準備段階として読んでいるところだと言うのです。よく本を読んでいる生徒ですが、半年先の課題に向けてすでに読み始めていることに驚かされました。

そんな彼に、小さいころ読んで印象的だった本は何かたずねてみたのです。すると5歳のころに読んだアレクサンドル・デュマの『モンテ・クリスト伯』だと言うのです。難しい言葉は自分で辞書を引きながら読みきったそうで、それがきっかけになり本を読むことがとても好きになったということでした。

彼の国語の成績はトップクラスです。5歳で『モンテ・クリスト伯』を読みきるのは彼が特別にすぐれているのかもしれませんが、少なくとも幼いころから本に親しんできたことが、すぐれた国語力につながっているのは間違いありません。

一方、国語の成績がいまひとつという生徒たちに話を聞くと、誰もが読書から遠ざかっていると口を揃えます。本を読む習慣が自然と身についている者とそうでない者との間には、それだけで大きな差がついてしまっているのです。

受験を控えていれば読書をする時間はないと考える方がほとんどでしょう。しかし、受験一辺倒になりがちな生活の中で、読書の時間はかけがえのないひとときになります。そして学力を高めるという意味では、遠回りに見えて実は近道なのです。

読書の効能1　ものごとを見る目が養われる

「百聞は一見に如かず」ということわざがあります。『大辞泉』（小学館）には「人から何度も聞くより、一度実際に自分の目で見るほうが確かであり、よくわかる」と書かれています。

しかし本当にそうでしょうか？「何度も聞く」「事前によく調べる」といった真剣

さがあったからこそ、実際に自分の目で見たときにその真価がわかることもあるのではないでしょうか。

私自身は「実際に自分の目で見たことや感じたこと」にとらわれすぎて、後で修正したことが何回もあります。何の知識も持たずに実物に触れるのは、自分の見方を絶対化し、真実が見えなくなってしまうこともあるので、気をつけなければいけません。

このようなことを防ぐためにも、本は有効です。同じテーマで書かれていても、書き手によって見方や考え方は違うものです。ためしに、書店に行って、ある一つのテーマについて書かれている本の棚をながめてみてください。本によって、切り口や取り上げ方などがさまざまだということに気づくことでしょう。

インターネットが普及している現在、知りたいテーマは検索すれば一発で出てきます。パソコンとは実に便利な道具ですね。それに比べて、本で何かを調べるのは時間も労力も数倍以上。なにしろ、本は自分の知りたいことだけが書かれているわけではありません。無関係なことが書かれていたり、肝心の知りたいところは、やけに難解だったりもします。

自分の知りたいことに関連のありそうな本を探して読み進めるという作業は、こうした期待はずれや問題意識のずれをくり返すものですが、その「寄り道」のプロセスでは面白いと思えるものに出会うこともあります。すると、そこにまた興味が湧いて、新たな観点からまた本を探し求めることになるのです。

本を通じて得た知見というものは、自分で開拓した裾野が広い分だけ応用範囲も広がります。そうしていつの間にか、もともと知りたかった問題を解決できるような広い視野を手にできるというのが読書の醍醐味でしょう。本から本へと渡り歩いていくうちに、「求めているもののありかを見つける目」が養われてくるというわけです。

読書の効能２　語彙が増える

本を読むと、語彙も増えます。物語の中では、ある気持ちを表現するにもさまざまな言葉が使われています。たとえば「うれしい」という感情にもいろいろな表現がありますし、人によって感じ方が異なることもあります。作品の中の「生きた言葉」として入ってきますから、子どもの語彙は自然に増えていきます。辞書と参考書だけでは身につかないものだといってもいいでしょう。

ここで、私自身が中学受験をしたときのエピソードを紹介します。

私は今の職場である麻布学園を受験し、何とか入学することができました。そのときに出題された問題で、どうしても書けなかった漢字が「おもむ・く（赴く）」でした。この字は習ったことのない字でしたし、今なら出題してはいけない範囲の漢字なのですが、あのころはおおらかだったのでしょう。

試験中から、偏は「そうにょう」だということはわかっていました。習ってもいない字でありながらそれを知っていたのは、それまでに読んだ本の中で何度か見たことのある字だったからです。試験が終わって帰宅すると、すぐに漢和辞典を開きました。「そうにょう」のところを開くとすぐに「赴」という字が目に入り「ああ、これだ！」と思いました。

実は私は受験勉強中も読書だけはしていたのです。言葉はさまざまな文脈を通じて身につくもの。試験では漢字のつくりが思い出せなかったわけですが、少しでも見当がつけられていたことは、自信につながりました。

読書の効能3　キレにくい子どもが育つ

世間では、凶悪化する少年犯罪や通り魔など、さまざまな事件や社会現象が話題になり、そのたびに家庭環境や教育の問題が取りざたされています。親としては、わが子だけにはそういう問題に関わってほしくないと願うばかりでしょう。

現代社会のこのような状況に対する万能薬が読書だと宣言するのは気が引けますが、たくさんの生徒たちと接してきた経験をふまえると、やはり読書には効用があると言わざるをえません。

名作といわれる作品をいくつか読んでみてください。権力を持った者、もしくは権力にこびる者による弱者へのむごい仕打ちや心ない対応、本来助け合うべき弱者同士のいがみ合いやいじわる、拒絶などが赤裸々に描かれています。人間の醜さは場所や時代には関係ありません。また、それに対してどう向き合ってきたのか、先人の知恵もたっぷりと描かれています。

思春期に入ったばかりのころの子どもは、誰もが「ちょっとあやしい世界」に興味を示すものです。しかし、読書を通して人間の醜さや愚かさを疑似体験していれば、現実社会で経験できないことに対するさまざまな免疫が身につくことでしょう。

また、自分のネガティブな気持ちは、物語や小説の中に似たような形で出てくることがよくあります。これも作品の中で「どのようにこらえるか」をあらかじめ体験していると、実際に気持ちのはけ口のないような状況に立たされても、どこか「ため」ができてこらえられるようになります。つまり、気持ちの幅が広がり、キレにくくなるのです。

まず大人が本を楽しもう

よく言われていることですが、お父さんやお母さんがよく本を読むご家庭では、子どもの読書へのハードルは低いものです。親が本を読む姿をいつも見ているわけですから、子どもも読むことに抵抗がないのでしょう。はじめから読書に対して肩の力が抜けているというわけです。

反対に、親が全く本を読まないのでは、子どもにだけ読書を勧めても説得力はありません。いろいろ事情はあるかもしれませんが、まずは親が少しずつでも読書の習慣をつけるようにしていきましょう。

いきなり夏目漱石や森鴎外を読まなくてもいいのです。できるだけご自身に負担のかからない内容のもの、趣味に関わる本を手に取ってみてください。たとえば映画好きであれば、映画の原作や小説化されたものを読んでみてはいかがでしょう？　原作には映画とはまた別の面白さがあることは言うまでもないことですよね。

ほかにも売れ筋のもの、推理小説や興味のある分野の新書などもおすすめです。1日10分でも本を読む時間を作り、本を身近なものにしていくことが子どもを読書へ導く第一歩となるのです。

読まない子には読み聞かせから始めよう

日常の中で読み聞かせをしてもらう機会が少なければ、ゲームやDVDなどに目が行きがちで、本に対する興味が持てなくなるのも当然です。最近では、子ども向けの映像が氾濫しています。子どものしつけでさえも、教育教材の付録についているDV

Dに頼っている家庭もあるようです。しかし、そういうものだけで、情操が豊かに育つのでしょうか。感性を育むためには、いろいろな物語に触れ、思いをめぐらせる時間を作ってあげることが大切です。

本を読まないお子さんには、ぜひ読み聞かせから始めてください。いきなり難しい本を選んだり、たくさん読もうなどと欲張らないほうがいいでしょう。挿し絵が魅力的なものや、童話や昔話など、短い物語がいいと思います。そして読み聞かせるときは「面白いね」などと感想も口に出しましょう。こうしたお父さん、お母さんの気持ちは、子どもに伝わるものです。

これは私の経験ですが、まだ幼い娘に佐野洋子《さのようこ》さんの『100万回生きたねこ』（講談社）を初めて読んであげたとき、自分自身が感動して泣いてしまいました。それ以来、娘は何度も「読んで」とその本を持ってくるようになりました。父親の感動する姿を見てうれしかったから、何度でも一緒に読みたいと思うようになったのではないかと推測しています。親子で一冊の本に向き合い、ともに感動する時間を持つことの大切さを感じずにはいられない経験でした。

読み聞かせというと、せいぜい低学年のころまでのことと思われているかもしれませんが、私は高学年でも読み聞かせを推奨します。小学生のうちはそれぐらい関わってあげたほうが、本と向き合いやすくなると思うのです。

私自身、小学生のときに父親に読んでもらっていましたし、そのときに読んだ作品は深く心に残っています。

とはいっても、5、6年生ともなると、親に対して反抗的な気持ちを持ちやすい時期ですから、そんなときは少し離れてみることも必要でしょう。無理強いはせず、できるときに少しずつ読んであげてください。

絶対に外せない読み聞かせのコツ

読み聞かせをするときは、子どもにも目で文字を追わせましょう。そうやって文字を読んでいくことで自然と文のまとまりを理解し、どこで切ったらいいのか、ストーリーや段落のひとかたまりはどこまでか、ということも把握できるようになり、知らず知らずのうちに文章を読む力が育ちます。

親御さんは「上手に読まなければ」とプレッシャーを感じる必要はありません。うっかり1行飛ばしてしまったり、読み方を間違えたりしたときには、子どものほうから「それ違うよ」と教えてくれることもあります。お子さんがちょっとした優越感を持つ瞬間ですね。

子どもと一緒に本を選ぼう

次はお子さんと一緒に書店や図書館に出かけてみましょう。書店や図書館の中では子どもを自由に過ごさせ、読みたいものを選ばせてあげてください。親が選んだ本はちっとも読まないのに、自分で選んだ本は読もうとするものです。

そしてお子さんが選んだ本は、どんなものであっても決して否定してはいけません。もし「そんな絵ばっかりの本はダメ。もっと字の多いものにしなさい」なんて言おうものなら、間違いなく本嫌いになってしまうでしょう。子どもが選ぶ本と、親が読ませたい本が一致することはほとんどないということを肝に銘じ、お子さんが自分で選んだ本は何でも「へえ、面白そうね」と受け入れてあげてください。

なかなか本に関心が持てないお子さんもいます。そんなときは、親が店員さんになったつもりで接するのがコツです。さりげなく「これは絵がかわいくて楽しそうだね」とか、「男の子が冒険するお話で、子どもに人気がある本なのよ」といった具合に、その本の面白さや魅力をちょこっと伝えてあげるのです。

できれば本の内容のさわりを優しく説明してあげましょう。押しつけではない言葉に後押しされ「読んでみようかな」と思わせたらしめたものです。もちろん、選んだ本があまり面白くなかったということもあるでしょう。そういうときは「失敗しちゃったね」と軽く流しておけばそれでいいのです。

親も忙しい時間をやりくりして連れて行っていますから、いつまでも選べなかったり思うような本を読みたがらないと、ついイライラしてしまいますね。でも「子どものためにわざわざ来てやった」という気持ちを持ってしまうと、それが感情や行動に表れ、子どもは敏感に感じ取ります。

書店や図書館に行くときは、まずは自分が楽しむんだという気持ちを持つことです。図書館の児童書のコーナーに行けば、子どものころに愛読した本もきっと置いてあります。そういうものを探しに行くような感覚で出かけてみてもいいのではないでしょうか。

スポーツが好きな子には

小さいころから野球やサッカーなど、スポーツで頑張っている子どもの中には、あまり本を読んでいないという子もいると思います。スポーツほどの刺激がないので「読書はかったるい」と感じることもあるでしょう。もちろん、スポーツに集中することはすばらしいことです。

しかし、スポーツの基本は「勝つ」か「負ける」かです。どうしたら勝てるか、うまくなれるかというところに集中していますから、自分の内面を深く掘り下げる余裕があまりありません。心の奥深さが育っていないと、たとえば「うれしい」「悲しい」ことがあっても「どううれしいのか」「どう悲しいのか」という「どう」まで思いが至らないということにもなります。

しかし、読書にあまり縁がなかった子に、はじめから名作を読ませようというのはハードルが高すぎます。まずはスポーツ関連の雑誌やハウツー本を選ぶなど、興味のあるジャンルから読書に導いてあげるとよいでしょう。最近はスポーツライターがいろいろなアスリートを取材し、興味深い内容のルポが多数出版されています。お子さんのあこがれの選手についてまとめた本も出ているのではありませんか。

スポーツ選手について書かれたものの多くは、彼らの技術力の高さとともに精神的な側面にも触れています。好きな選手の本を読むことで、一流のスポーツ選手というものは技術だけでなく人間的にも魅力があるのだということに気づくことができれば、しめたものです。読書とはそもそも人間の内面に関心を持つ、ということでもあります。その入り口は名作ばかりとは限らないのです。

本を手に取りやすくする環境づくり

せっかく図書館や書店で本を選んで持ち帰っても、子どもですからつい読むのを忘れてしまうことがあります。「家に帰ったら急に読む気がなくなってしまった」ということもあります。そういうときは、リビングの隅にでも表紙が見えるようにして置きましょう。親の読んでいる本の上に、さりげなく重ねておいてもいいかもしれません。これは、なるべく親の目を意識せずに本を手に取りやすくする工夫です。

欲を言えば、家の中にそういうコーナーが2〜3カ所あるといいですね。多少部屋が散らかった感じになりますが、どの部屋にも本がある環境にすれば、自然と手に取るようになります。

とくにトイレ文庫はおすすめです。スペースがあれば小さな棚を置き、そこに本を数冊立てかけておくのです。ついでにミニカーや人形などをアクセントに置くと、子どもにとっても楽しい場所になるでしょう。スペースがなければ壁に立てかけておくだけでもいいのです。トイレが長くなって困ることもあると思いますが、本に親しむには実に効果的な方法です。実際、この方法で子どもが本を読み始めたケースはけっこうあるのです。助言した親御さんたちから感謝されたことも申し添えておきましょう。

類語辞典を用意しよう

読書の中心となるのは「物語」ですが、同時に図鑑などと一緒に類語辞典も用意しましょう。

おすすめは『例解学習類語辞典 似たことば・仲間のことば』(小学館)です。小学校のころからこういうものに親しんでいると、言葉に対する興味がどんどん深まり、語彙も増えます。

類語辞典に決まった使い方はありません。気になる言葉を引いて、そこから同じような意味の言葉のつながりに目を向けたり、用例や項目だけを拾い読みするだけでもいいのです。興味が持てるところだけを気楽に楽しく読ませてあげましょう。ときには、読書の代わりに辞典を眺めるのもいいですね。

類語辞典を読むことによって、使い分けが難しい類語の違いをつかむことができます。また、似たような言葉でも実は意味が違ったりと、日ごろ使っている言葉でも「そういう使い方もあったのか」といった新鮮な発見もあることでしょう。国語辞典や漢字辞典とはまた違うものとして、ぜひ一冊常備しておきましょう。

ゲームの弊害

「うちの子はゲームばかりで本を読みません」という声をよく聞きます。ゲームはとても刺激的ですし、受け身の姿勢でもゲームのほうから次々とアクションが起こされるので、とても楽だし面白いのです。ですから、ゲームばかりしている子どもに本の魅力を伝えるのは難しいことです。

なにしろ、本は自分から子どもに歩み寄り、面白おかしく話し出すということがありません。常に読まれるのを待っているだけの存在です。ゲームの刺激に慣れきった生活をしていると、自分の意志で動いたり、本を読んで何かを引き出すことも「煩わしい」と感じてしまうのでしょう。こうして想像力を働かせる時間がほとんど持てないままになってしまうのです。

しかし、これでは内面を深めることができず、精神が幼稚なまま大人になってしまうかもしれません。そうなってしまったときに本人や周囲に何が待っているかは、あらためてここで注意するまでもないことかと思います。

時間がたっても色あせない本の魅力

皆さんは、昔遊んだゲームソフトを今も大切に使っていますか？　おそらく、まず遊んだりはしないでしょう。ゲーム機そのものが進化し、一年前のゲームソフトでさえも最新のものと比較すると、画像の美しさや奥行きなど、すべての面で魅力を失っています。

では本はどうでしょう。単純な内容や表現であったとしても、色あせることのない童話や物語はたくさんあります。一昔前に書かれた作品が、時を経て再び脚光を浴びるということも少なくありません。

本の魅力は、基本的に文字だけで成り立っているという単純さにあります。作品としての評価や印象が分かれるのは、表現がすぐれているか、その世界が魅力的かどうかです。表現や内容に深い感銘を受け、人はその作品に愛着を覚えます。そういう作品は人生に行き詰まったときに心のよりどころになったり、懐かしく思い出してもう一度読みたくなったりすることでしょう。

また、同じ作品でもしばらくぶりに読んでみると「ちょっと違う」と感じられるものです。たとえば、以前には気づかなかった会話の中の一言や、読み飛ばしていたことが新しく読み取れるようになったりします。

これは必ずしも昔に比べて正確に理解できるようになったということではありません。本というものは、同じ人が読んでもその時どきの心境によって印象が変わるものです。大人の自分が一瞬のうちに子どものころに立ち返ることもあれば、以前とはひと味違った受け止め方をしたり、感動することもあるでしょう。

かつてご自身が読んだ本を子どもに読み聞かせ、昔は何とも思わなかった場面や言葉が、親となって初めて心に染みたという経験は、誰にでもあるのではないでしょうか。

シリーズ本にはまったらどうするか

最近は小学生向けの物語で、シリーズものも多く出版されています。「大人気の○

○シリーズは欠かさず読んでいる」なんていう話はよく聞きます。確かに、子どもにとってはとても楽しい内容ですから、次の巻を読みたいという気持ちになるのは当然です。親も、本なら何でもいいと思ってしまい、高価なものでもつい買い与えてしまうのでしょう。

しかし、同じシリーズや同じような趣向のものばかりを読んでいると、作者の文体や世界になじみすぎてしまい、他の書き手の文章が読みにくくなってしまうことがあります。

また、多くの場合、シリーズものは巻を重ねるごとに、どうしても内容が惰性的になり、最初に読んだものより次の作品の感動は薄れるものです。シリーズものを否定するわけではありませんが、他の本を読む道筋を残す努力はしていただきたいと思います。

それに、もしシリーズものばかり読んでいるうちに受験勉強が始まったらどうでしょう。それまでも名作には触れないままだったのに、読書をする時間がなければ、そのまま卒業まで名作に触れることなくやり過ごすことになってしまうかもしれません。

読解力を高めることが目的なのであれば、活字なら何でもいいというわけではなく、本選びには注意が必要です。

得てして、子どもは自分の好き嫌いの間口をせばめがち。シリーズ本にはまってしまうということは、それに拍車をかけるようなもので、結果として子どもを読書から中・長期的に遠ざけることになるのだと覚えておいてください。

読書家の豊かな人間性

先日、同窓会ですでに社会人として活躍している卒業生たちと再会することができました。よく本を読む生徒たちが多かったという点で、とても印象深い学年です。

久しぶりに会った彼らはまだ30歳前後と若いのですが、実に盤石な印象を受けました。コミュニケーション能力は高く、目には輝きがあり、前途を信じて歩んでいる……。人間としての魅力を十分に育ててきているなあと感じ入りました。

職業もそれぞれ自分に合った道を見つけて着実に歩んでいるところを見ると、彼らは皆、自分が何をしたらいいのかわかっているのだと思いました。中学・高校時代から読書を通じて内面を充実させてきたことも、きっと今の活躍につながっているのでしょう。

親は、子どもの将来はいい学校に入ることで決まるものだと思いがちです。しかし、いくらすばらしい学校に入っても、内面を豊かにする経験がなければ、人間としての魅力は育ちません。そういう意味で、読書は人間性を高めるためにも欠かせないものなのです。

第3章

読解力をつける読書と漫画活用術

読解力を高める読み方を身につけよう

国語で求められる読解力とは、筆者や登場人物の言っていることや伝えようとしていることに対して、「こういうことを言っている」とか「こういうことを伝えようとしているのだと思う」と、自分なりの言葉で表現できる力です。

そういう力をつけるには、文章を読みながら「要するに作者は……と、考えているんだな」と、心の中で言いかえてみるのが効果的です。書き手の意図を意識して読むことで、しだいに行間にこめられたものまでも感じられるようになっていくのです。

この意識的な読書で一番大切なことは、書き手の思いや伝えたいことを「自分なりの言葉で言いかえる」ということ。ただ書き連ねてある言葉を抜き出してつなげただけでは、書き手の意図を自分なりに理解したことにはなりません。そのためには、文章の具体的な表現や展開にだけとらわれるのではなく、ときにはそこから離れて作品全体を見渡すような行為もまた必要になってきます。

読んだ本の紹介文を作ろう

読んだ作品について、自分なりの言葉で表現する力をつけるために有効な方法が「紹介文を書く」という学習です。ぜひ親子で取り組んでいただきたいと思います。

まず、ノートを1冊用意してください。できればB5サイズのものがいいと思います。ノートは1冊あたり見開き2ページを使います。70ページの図のように、定規を使って左右に線を引き、4つのパートに分けてください。基本項目として、読んだ本のタイトル、作者名、出版社名と読んだ年月日を右ページに書き入れておきます。

そして、読んだ物語について「主人公のこんな行動が面白い」とか、「絵本のこの場面の絵がすばらしい」など、子ども自身が「面白い」と感じた部分を話してもらうのです。お母さん、お父さんは、その話を箇条書きにしてノートの右ページ上段にメモしていきます。

ひととおり話が終わったら、メモした内容を子どもにチェックさせ、変更や訂正を、右ページ下段にまとめて書きこんでおきます。親も少しアドバイスしてもいいのです

本の紹介文を書く	本のタイトル、作者名、出版社名 読んだ本について子どもの話を聞き、保護者がメモする
漢字や調べた語句の意味などを記入	メモした内容を子どもにチェックさせ変更・訂正内容を書きこむ

紹介文ノートの見本

※算数など、他の教科でも応用がきくノート術です

が、基本的には子どもの意見を優先してください。

内容の確認がすんだら、次は左ページに紹介文を書いていきます。200字程度なら小学生でも無理なく書けるでしょうが、書きたいことがふくらんで400字程度になったとしても問題はありません。

書くことが苦手だったり、慣れていない子もいますので、ここは親が清書してあげてもいいでしょう（いずれは自分で書けるようにしていきたいものですが、あせってはいけません）。

最後に残った左ページ下の欄は、ここまでの学習で出てきた漢字や調べた語句の意味などを書いておきます。

子どもが「ここは面白い」と感じたところは、たいてい作者が大事にしているところと重なってくるものです。また、こうして子どもの感じたことをノートに書くことで、子どもがその作品をどう読んだかを理解する材料にもなります。本を読むたびに紹介文が少しずつ増えていけば、お子さんの読解の基礎は確実に築かれていくことでしょう。

本を読むのに国語ができないのはなぜか

国語ができるようになりたいのなら、本を読もう。これはよく言われることですし、私もそう指導しています。しかし、本はよく読んでいるのに国語の成績がよくない子どもがいるのはなぜなのでしょうか。

たとえば、シリーズものばかり読むなど、読書傾向が偏っていると、それ以外の文章はしっかり読みこめないことがあります。また、精読できていない場合も読解力は高まりません。

受験の読解問題ともなると細かいところが問われます。名作といわれている作品や読解問題に出題されるような文章は、人情の機微や細かい場面設定などが描かれており、試験でもそういうところが問われるものです。ストーリー展開だけを読ませるような本ならそれでもいいのですが、試験では、おおまかなストーリーだけを追いかける読み方では得点力には結びつきません。

国語の読解問題を攻略する力を育てるためには、日ごろ読む本の選定が重要です。

できれば名作を中心に、人の心の動きに向かわせてくれるような作品を選んで、読んでほしいものです。巻末のブックリストでは、小学校のうちにぜひ読んでおきたい作品を厳選していますので、本選びの参考にしてください。

音読で精読の習慣づけを

本は読んでいるのに読解力がついてこない子のケースは前述の通りですが、いずれも本の選定や読み方が子どものひとりよがりになっていることがわかります。飛ばし読みをしてストーリーだけ追いかけるなど、自分流の読み方しかできないのでは読解力はつきません。

作品を精読できているかどうかを確認できるのが音読です。音読をさせると発音やイントネーションによって、どこが理解できていないかが、すぐにわかります。スラスラと話し言葉のように読めていればよいのですが、文中の助詞である「て」「に」「を」「は」を読み間違えたり、つっかえたりするときは、読解も不十分と考えていいでしょう。あまりにもつっかえるようなら、その子にとってレベルが高すぎる文章だという判断もできます。

また、音読は文章の内容を読み取る練習にもなります。音読をするときは少し先にある文字を目で追っているので、音読に慣れてくると文がその先どう進んでいくのか予測できるようにもなります。読解力を高める方法の一つとして、ぜひ音読も取り入れてみてください。

音読するなら、物語や小説の一節を読ませてください。間違わずにしっかり読めているか、親も確認しながら進めていきましょう。長い文章を読むのを面倒くさがったりするなら、文のリズムや発音を感じながら楽しく読める詩を読んでみてもいいでしょう（たとえば工藤直子《くどうなおこ》さんや、まど・みちおさんの詩は、情緒があって言葉もやわらかでおすすめです）。

大切なことは、書かれている文字の意味を一つ一つ理解し、正確に読めているかということです。正しく読む習慣づけが、「精読」できるようになるかどうかのカギだといえましょう。

また、単に間違えずに読むだけでなく、発展的な音読を目指すなら、抑揚をつけたり、感情をこめて読むことも大切です。物語の世界や筆者の主張をより深く理解できるようになります。もしそれができていれば、内容を深いところで受け止めていることの証ともなるのです。

「批判的」に読めるようにしよう

文章にちゃんと向き合おうとすればするほど、書き手や登場人物の心情などに対して「自分なら……なのに」などという考えがわいてくるものです。お父さん、お母さんは「そんなふうになってしまったら、きちんと読解したり設問に答えたりできないのでは？」などと心配になるかもしれませんね。

しかし、反対に書き手の主張にのみこまれてしまうと、客観的な視点が持てず、正確な読解がしにくくなってしまいます。適度な距離感を持てるかどうかが、読解力を高めるカギとなるのです。

文章との適度な距離を意識するコツは、「自分は立場は違うけれど、この人の言おうとしていることにつき合おう」と、ほんの少しだけ批判的な姿勢で読んでいくことです。そして「批判的に読む」ということはつまり、自分なりの視点を持って読むということです。

たとえば、主人公の行動は自分だったら絶対にやらないけれど、その立場になってみれば「しかたなかったのかな」などとそれなりに理解してみたり、あるいは「そんなことをせずに、こうしたら幸せになれたのに」と自分の考えを重ねながら読んでいけるといいですね。

もちろん、自分の考えを意識しながら読めるようになるには、ある程度の時間が必要です。ぜひ、日ごろの読書を通じてトレーニングをしておきましょう。

そして、お子さんの読んだ本をお母さんも読んでみましょう。そして、登場する主人公について、自分と違うところを探させるのです。あまり出てこないようなら「あなただったら、どうする?」と促してもいいでしょう。面白いところに気づいたら大いにほめてあげます。親子で本の内容について楽しく語り合ってみてください。そして、そんなやりとりをくり返す中で、自然と「ぼくはこう思うな」などという、子どもなりの視点が育っていくのです。

物語を読む子は深く読み取る力が育つ

国語ができる子は、たいてい文章を正確にきちんと読み取る能力が育っているので、初めて触れる文章でも深く読み取ることができます。おそらく、算数の図形の問題と同じように文章のパターン認識ができているのでしょう。

できる子も「物語文が得意」な子と「論説文が得意」な子に分けることができるのですが、読解力という点では、物語を得意としている子のほうが行間の読み方が深く、しっかりと考える力を備えています。

たとえば、物語の中の一つのセリフをとってみても、実は心情とは逆のことを口走っているものだったり、何げない一言なのに、実は皮肉がこめられていたりするなど、作者の工夫がこらされていることがよくあります。物語を読み慣れていると、そういう微妙なニュアンスを感じ取るセンスを高めていくことになります。そのくり返しが読解力を自然と高めてくれるのです。

高学年になったら物語から小説へ

高学年になってきたら、物語がしっかり読めるようになってきたら、少しずつ小説にもチャレンジさせてみましょう。明確な定義があるわけではありませんが、物語と小説は明らかに違います。

物語は内容を丁寧に説明してあるので、小学生でも理解しやすくなっています。一方の小説はというと、より人の心理に踏みこんだものが多く、とくに子どもを意識して書かれていないため、すんなり理解できないこともあります。

もちろん、高学年になったからといって、誰もが小説を読めるというわけではありません。一般的な傾向では、この時期は女の子のほうが早熟なので、男の子より早い時期から小説を読めるようになってくるようです。ただし、これも個人差があるので、いちがいには言えません。小説を読ませるかどうかというより、その子に合ったものを読むことが大切です。

また、高学年から中学生にかけての時期は、子ども向けの物語から急に大人の読み物に移行することができず、なんとなく読書から遠ざかってしまうことも少なくありません。わかりやすい物語では飽き足らず、かといって小説はまだ難しいと感じるので、読書そのものがつらくなってしまうのです。

そういう時期に大人があれこれ助言するのは逆効果です。思春期にさしかかる子どもは、親の意見を素直に受け入れることは少ないからです。読書の楽しさを知っている子であれば、ちょっと小説を読んでみたものの、また元の物語に戻ってみたりという行きつ戻りつをくり返しつつ、そのはざまにある断層を越えていくことでしょう。サポートするのであれば、さりげなく小説の存在に気づかせてあげる程度にとどめ、見守ってほしいと思います。

漫画も活用してみよう

私の場合は、この断層の合間を埋めたのが手塚治虫の漫画でした。手塚作品を通して少しずつ大人の世界に足を踏み入れていけたので、その後、小説にもすんなり入っていけたのではないかと思っています。

良質の漫画は、社会の理不尽さや切なさ、どうしようもない現実を見せてくれます。また、社会のあり方や大人の汚い世界なども、子どもにわかりやすく象徴的に描いているものもあります。

文字だけで説明するのが難しいような部分も、絵というわかりやすい要素とともに伝えてくれるので、言葉がなくても心情を把握することができ、読解の面白さに気づくきっかけともなりえます。

すぐれた漫画は企画から構成、ストーリー展開が実によく練られているだけに、読者に強く訴えかける力があります。本を読む導入としてそのような漫画に触れることで、読解力の源となる「人の心を読み取る力」がついてくるでしょう。よい漫画に接することは、子どもにとっては意味のあることなのです。

大人の世界を教えてくれる漫画

数多く出版されている漫画の中でもとくに勧めたい作品は、手塚治虫の『ブラックジャック』と『火の鳥』です。かなり前の作品ではありますが、テーマは普遍的で、名作として大変高い評価も得ていますから、ぜひ一度は手に取ってほしいと思います。

たとえば、『ブラックジャック』は人間社会のいろいろな話をテーマにしています。とくに大切な部分は強調して描かれているので、子どもにも理解しやすく、実際に小学校低学年ごろから読んでいる子はたくさんいます。

また、漫画で大人の世界に触れていることで、小説などの世界に入る予行練習にもなるでしょう。医師であるブラックジャックは裏社会で生きていますが、実は人間だけでなく動物に対しても深い愛情を持っています。社会の理不尽さを前にして、正攻法では通じないような問題に対して、彼なりに挑んでいきます。大人社会の汚さと同時に、ブラックジャックのような人も大人にはいるのだという希望を持たせてくれます。

もう一つの魅力は、一つのストーリーが比較的短いことです。20ページ程度のショートストーリーであるため、読み終えた後も「自分だったらどうしただろう」「その後この人はどんなふうになってしまうのだろう」と深く考えさせられます。できれば親子で読み、「面白かったね」「あれ、どう思う?」など、家族の話題にできるといいですね。

親も漫画のことを知っておこう

漫画はいつの時代も、子どもを読書から遠ざけてしまうものの代表選手のようにいわれています。実際、「漫画ばかり読んでちっとも本を読まない」という親御さんの嘆きの声はあちらこちらから聞こえてきます。最近では大人も夢中になっていて、何歳になったら卒業するということもなくなっています。

日本は漫画が文化として根づき、数多くの傑作が生み出されています。私がかつて読んでいたころは手塚治虫の作品や、池田理代子の『ベルサイユのばら』、山本鈴美《すみ》香《か》の『エースをねらえ！』などが最高峰でした。

最近でも、たとえば井上雄彦《たけひこ》や浦沢直樹、かわぐちかいじなど、読み応えのある作品を生み出している漫画家が次々と現れています。かわぐちかいじの『太陽の黙示録』は、生徒に勧められて読みましたが、とても印象に残っています。また、ちょっとしたギャグ漫画でも実にセンスのいい作品があります。親が「漫画だから」という理由だけでそれを禁止するのは、少々理解がないということにもなるでしょう。

もちろん、気をつけなくてはならないこともあります。漫画は文字通り「画」が主で文字は補足的な存在です。キャラクターの浮かべる表情や背景の種類や配置によって、私たちは心情や状況を読み取り、会話やト書きを通してより詳しく理解します。これは「行間を読み取る」作業とは大きく異なります。

また、子ども向けの漫画でも、暴力シーンやきわどい性描写などが折りこまれているものもあるので注意が必要です。もちろん、どんな作品にも多少の毒はあってもいいと思いますし、それが社会の悪に対する免疫になります。ただ、度を過ぎた内容のものも氾濫しているということもまた肝に銘じておかなければなりません。

できる子の漫画の読み方

これまで出会った優秀な生徒たちを見ていると、漫画をいい息抜きに使っているなという印象があります。難しい本ばかり読んでいれば、誰だって息が詰まってしまいますよね。ときには息抜きも必要ですし、そこで生まれる余裕こそ、子どもの精神を健全に保つために必要なことではないかと思います。友達と話を合わせるために読んでいるという子もいますが、結局は彼らも楽しんでいるようです。

勉強だけまじめにやるのではなく、ときには漫画にも触れて面白いと感じることは、社会人になってからも必要な感覚です。麻布では中学生のクラスの空きロッカーに、漫画が学級文庫のように詰めこまれていることもあります。それはたいていはたわいのないギャグ漫画ばかり。子どもたちはそれを読んで「バカになれる」のがうれしいのでしょう。

もちろん、漫画だけしか読まないのは問題ですが、勉強するときにしっかりけじめをつけられるのであれば、それでもいいのではないでしょうか。

まじめすぎて伸びない子も

中には「漫画には価値がない」と思っている子もいます。かつて私が教えたことのある生徒にもそういう子たちはいました。彼らは勉強以外のことには見向きもしません。しかし、なぜか成績はあるレベルから上にはなかなか伸びていかないのです。

実は、できる子というのは短時間に集中して勉強できていることが多いのです。ダラダラと5時間勉強するより、集中して2時間勉強している子のほうが成績は伸びていくようです。ときに脳を休めてリフレッシュしたほうが、効率よく学習できるということなのでしょう。

まじめに勉強することはすばらしいと思います。しかし、まじめにやりすぎることで、かえって疲れてしまい、学習効果が思ったより期待できないこともあります。上手に気分を切り替えるようにすれば、意外にも成績が伸びる可能性があると私は思っています。

ある「漫画におぼれた子」の場合

エピソードをもう一つご紹介しましょう。

ある生徒が漫画におぼれてしまい、全く本を読まず、成績も落ちて赤点もとるようになってきました。すると彼の親は、部屋にあった漫画をすべて捨ててしまったのだそうです。授業もろくに聞けていないのに漫画を読むなんてけしからん、というわけです。

これはかなり厳しい対応で、私も驚きました。子どもによってはこのやり方が逆効果のこともありますから、決して勧めることはできません。しかし、彼の場合はその後のめぐり合わせがよく、無事に漫画だけの生活から抜け出すことができました。

彼はもともと優秀な生徒でした。たまたま漫画仲間ができたことからはまってしまったのです。

しかし、国語の授業の総まとめとして、中学3年生のときに行う共同卒業論文で、彼の目は開かれました。グループで選んだ作品についての論文を書くのですが、彼はその作品を読んでもののとらえ方や人生観など、今まで知らなかったものに触れることになりました。それは彼にとって衝撃だったようです。

彼はこの感動によって、漫画をすべて失ってしまった空白を見事に埋めることができました。そして、しっかりと卒業論文を書き上げたあたりからはずみがつき、後はどんどんしっかりしていったのです。ときどき「何か本を読んでいるかい?」と声をかけると「少しずつですが……」と、彼なりに読んでいることがうかがえる言葉が返ってきたものです。

くり返し申し上げているように、この事例はかなり無理のあるものです。しかし漫画におぼれたままだったら、読書の豊かな世界を知らずに時が過ぎたかと思うと、彼の場合はこれでよかったのかもしれないと思うのです。

上手な漫画とのつき合い方

誰もがけじめを持って漫画を読めるかというと、そうはいかないものです。大半の子どもは漫画ばかりになってしまい、前述の彼のように読書も勉強もすっかりおろそかになってしまいがちです。良質の漫画は読解力を高めるきっかけづくりにもなりますが、おぼれることなく、学習や読書も並行してできるようになるのが理想です。

買い与えるときには、あらかじめ親子で話し合って読む時間を決めたり、漫画を読んだら本も読むといった約束をしておくといいでしょう。

また、漫画ばかり読んでいる子の多くは目的意識が持てず、どこか満たされない思いを紛らわしているように思えます。お子さんはほかに何か得意なこと、好きなことはありませんか？　やりたいなと思っていても「きっと失敗するから」「あの子のほうがうまいから」と、踏みきれずにいるのかもしれません。

親のつとめは、わが子のいいところを伸ばしてあげることです。たとえば料理が好きな子なら、同じ漫画でも料理を題材にしたものを勧めてみたり、実際に親子で料理をしてみてもいいでしょう。子どもは自分が好きなことに触れていると、自然と次に進みたがります。ここでさりげなく読書へ導いていくのです。料理が得意なら料理のレシピ本や、食についてのエッセイでもいいかもしれません。

上手に、お子さんの関心のある世界を広げていくきっかけを与えてあげてください。

第4章

家庭でできる学年別学習法

ここまでくり返し書いてきた通り、意識的な読書は読解力を高める最強の方法です。しかし、本は読むけれど国語ができないケースもありますから、国語の学習を通して、より確かな読解力を高めるためには、日々の学習に工夫をする必要があります。また、実際にテストのときには答えをきちんと書けなければ「国語ができた」という実感は持てません。

そこで第4章では読解力を高め、実践的な力をつけるための勉強法を、低学年と高学年にわけて詳しくご紹介します。

【低学年のための学習法】

低学年では、まず「書く力」をつけておく

国語に限りませんが、学習に欠かせないのが「書く」作業です。実はこの「書く」ことによって、文章を的確に読む力が育つのです。低学年のうちは、日々の自宅学習

の中で教科書の本文をノートに書き写すといいでしょう。

たとえば、物語や詩などは、筆者の考えによって改行されています。そういうものを機械的に書き写していくうちに、文章や言葉の切れ目などが理解できるようになっていきます。その積み重ねによって、子どもはいろいろな言葉をさらに深く身につけていけるのです。

また、一度丁寧に書き写した文章は、音読したときにとても読みやすく感じられるものです。句読点の位置や改行、文の切れ目などもすんなり入ってくるでしょう。

読解力というテーマからは少し外れるようですが、ノートをきれいに書く習慣づけは学習効果を高めます。最近、東大生のノートは美しい、という内容の本が出版され話題になりましたね。私も多くの生徒を教えてきた経験から、ノートをきれいに書ける生徒は、能力が高く勉強ができると確信しています。学んだことをノートに自分なりに整理して書くことは、学習内容を正確に理解する助けになるからです。

麻布にも「ノートをとるのが苦手」という子たちはいますが、よく話を聞いてみると「字が汚いからノートをとるのがイヤだ」と感じているようなのです。しかし、私から見るとそれほど乱れた字を書いているわけではありません。どうやら彼らは単純に「書くことが苦手」なだけのようです。このような苦手意識を持たせないためにも、低学年のころから字を丁寧に書く習慣づけをしておいてほしいと思います。

なお、本書では教科書の書き写し学習を低学年向けとしてまとめていますが、もちろん、高学年であってもそれまでに書くことに慣れていないようであれば、この段階から始めたほうがいいでしょう。その子の能力に合わせて段階を踏んで進めていってください。

第一段階　書き写し学習の基本　教科書をノートに書き写そう

ここからは具体的な書き写し方を紹介していきます。

小学生にとって最も身近な教材は教科書です。第一段階では、学校で使っている国語の教科書を利用し、本文を書き写すことから始めてください。書き写すときのポイントは次のようになります。

① 教科書の文章を、マス目に合わせ、一字一字丁寧に書く。
② 改行や句読点など、本文に忠実に書き写す。
③ 正しく書き写せているかどうか、漢字や表記の間違いを親がチェックする。
④ 間違ったところは消さずに赤鉛筆で線を引き、正しいものをその横に書く。

書き写す分量は、毎日少しずつでもできるように、たとえば、1日1ページずつにするとか、一つの段落ごとにするなど取り組みやすいボリュームに調整しましょう。大切なことは、できるだけ毎日書かせることです。また、教科書はそのときにやっている単元にこだわらず、どんどん先に進んで書き写していってください。学習範囲を先取りしておくと、実際に授業で取り扱うときにスムーズに理解できます。

また、たいていの国語の教科書には単元の終わりに学習のまとめのページがあるので、そこもとりあえず書き写させましょう。この段階では答えまで考えなくても、「学習のまとめ」にある設問文を書き写すだけでよいでしょう。

このように、毎日少しずつでも書き続けることで、書くスピードは上がりますし、一度書いていますから、声に出して読んだときに、以前より上手に読めるはずです。また、丁寧に書けるようになったり、少しずつ自分なりに努力してきれいな字を書けるようになってくれれば、それだけでも達成感を感じることができるでしょう。

第二段階　書き写し学習の発展　見出しをつけてみよう

書き写すことに慣れてきて、単元も三つ分ぐらい写し終えたあたりで、少し戻って、より深い学習をしましょう。初めて出てきた言葉の意味を辞書を使って調べたり、漢字の書き順などもあらためて確認しましょう。

そして次に、まとまりごとに内容をごく簡単にまとめさせます。新聞や雑誌には「見出し」というものがあります。その記事の内容をワンフレーズで表現していて、それを読めばどんなことが書かれているかがわかります。教科書であっても、たとえばある登場人物が出てくるシーンだったらその紹介をしたり、ちょっとした事件があったらそれを一言でまとめていくといった具合です。

見出しとしてまとめるためには、書かれている内容をきちんと把握しなければなりませんし、表現にも工夫が必要です。もちろん、見出しのつけ方にはコツがあります。そこに書かれている内容の最も大切な部分を盛りこむこと、表現はできるだけ短くまとめることなどです。新聞や雑誌の見出しも参考に、お父さん、お母さんがまとめ方のコツを教えてあげてください。


ではこの見出し作りに、実際に小学2年生の女の子が挑戦してくれましたので紹介しましょう。

見出しをつけるために選んだのは『おまけのじかん』（あまんきみこ・著 ポプラ社）です。低学年ですので、魅力的な挿し絵のある、易しい題材にしました。今回は、その中の一部を抜粋しています。見出し作りに慣れていない場合は、今回のようになるべく短いまとまりごとのほうが作りやすいと思います。慣れてきたら少しずつ長くしてみてください。

このお子さんは初めてなので、「ここで一番大事なお話はどこかな?」「できるだけ短い言葉で書いてみてね」と始める前にアドバイスをしました。

1回目とあるのは、お子さんだけで作ったもの。2回目は、より短くするにはどんな表現を使ったらいいのか、親子で話し合って、最終的に完成させたものです。

①『へやが、 すうっと くらくなりました。
「おねえちゃん、うしろ。」

マミちゃんの、ひそひそごえ。

ふりむくと、たたみの うえが 一かしょ、トランプほどの おおきさで、あかるくひかっています。

「マミが かいた、おうちの えだよ。」

マミちゃんが、こごえで いいました。』

1回目「マミちゃんたちのうしろで　おうちのえが　光っていた。」
2回目「マミちゃんがかいた　おうちのえが　光った」

②『めを　こらすと、クレヨンの　えの　いえの　まどから、オレンジいろの
あかりが　ひろがっているみたい。
――どうなっているの？
よく　みようと、すこしずつ　すこしずつ　ちかづくと、くらい　なか、え
の　いえが、おおきく　おおきくあがってきました。
クレヨンの　いえが、おおきく　なったのでしょうか。わたしたちが、ち
いさくなったのでしょうか。』

1回目「クレヨンのいえが大きくなっていった」
2回目「クレヨンのいえが、大きくなった」

③『マミちゃんと　わたしは、てを　しっかり　つないで、一けんの　いえの
まどの　そとに、たっていました。
あかるい　へやの　なかには、くろく　ぴかぴかの　ピアノが　一だい。
それを、ひいているのは、ぬいぐるみの　しろうさぎです。』

1回目「白うさぎが、ピアノをひいていた」（ここでは1回で、できました）

〈解説〉

文章の大意もよくつかめていて、のびのびと課題に向きあえた様子が感じられます。
①の2回目ではお母さんと一緒に推敲し、「光っていた」を「光った」と直すことができました。
②は、大きくなったのが、家なのか人物なのか、大人でも迷うところですが、この

お子さんは、「大きくなったのは家」だと、しっかり理解できています。きっと親子の信頼関係が築かれていて、安定した思考ができる環境にあるお子さんなのでしょう。

③では、1回目の取り組みで完成できました。

たったこれだけの作業でも、本の内容をまとめる能力、読解力の基礎ができあがっていくのだということが、よくわかる事例だと思います。

第三段階　書き写し学習の仕上げ　「学習のまとめ」に挑戦しよう

次は、第一段階で書き写した、単元の終わりにある「学習のまとめ」（教科書によって呼び方は異なります）を参考に、あらためて本文を読み返し、親子で読解を深めていきましょう。ここでは「このとき主人公はどのように思っていましたか」などと、基本的な読解が求められています。市販の参考書やドリルではないので「解答」はありませんが、ごく簡単な質問ばかりですから、お父さんやお母さんにも十分対応できるはずです。

このようなまとめの学習も、答えはノートに書かせてください。まず子どもに考えさせてから、親が内容を確認します。もし答えが間違っていたら、「もう一度考えてみようか」と、一緒に考えてあげましょう。間違っていてもいいのです。子どもなりに考えたことを評価して、その上で、正しい答えへと導いてあげてください。

親子で学習するときの鉄則は、「叱らない」

三つの段階ごとの学習方法を解説してきましたが、家事や仕事で忙しい方もいらっしゃるはずで、一緒に意味調べをしたり、学習のまとめについても細かく見てあげるのは難しいかもしれません。

また、頑張りすぎて続かないということもあるでしょう。そんな場合でも、ぜひ第一段階の「書き写し」だけは続けてください。もう少し頑張れるというなら第二段階まで、というように無理のない範囲で続けましょう。

くり返しになりますが、ここで最も大切なのは書き写すことであり、それだけでも読解力の基礎は十分についてきます。親御さんが忙しくて大変な状況の中で無理をすると、ついイライラして怒ることも増え、親子ともにかえってストレスになるので気をつけてくださいね。

それでなくても、わが子が思うように勉強をしてくれないとイライラしてしまうものです。書かせたものが間違いだらけだったり、雑だったりすると「なんでこんなに汚い字なの!?」と、つい怒りたくなってしまいますよね。親御さんの立場になって考えれば、その気持ちはよくわかります。

でも、ここはぐっと我慢です。親子で学習するときの鉄則は「叱らない　怒らない」です。そもそも宿題ではない自宅学習に取り組んでいるのですから、それだけでもほめてあげるべきなのです。もちろん、怒りたいのをぐっと我慢するのですから、親御さんもよく頑張っているということになります。そんなときは自分自身を思いきりほめてあげてくださいね。

教科書の書き写し学習が終わったら

4月に教科書をもらってすぐに教科書の書き写し学習を始めたとすると、低学年の教科書なら夏休み前には手元にある教科書の内容が終わってしまう子もいるでしょう。

もし余力があったら、ぜひそこまでの学習の総仕上げとして、教科書全体を振り返り「どのお話が面白かった？」「どんなところがよかったかな？」などと親子で話し合ってみてください。ちょっとした感想文を書かせてもいいでしょう。また、教科書の中で一番気に入った場面などを、絵や文字で構成した一つの作品にしたら、夏休みの自由研究にもよさそうですね。

「教科書は全部終わったし、もっと何かやることはないの？」といううれしい声が聞こえてきたらどうしましょう。親心としてはここで「じゃあ次はドリルをやろうか」と言いたくなりますが、少なくとも低学年のうちは、もう少し書き写し学習を続けてください。書き写す対象はイソップやアンデルセンなど、童話がいいでしょう。気に入った作品から選んでください。

童話は子ども向けとはいえ、昔ながらの表現も多く、少し難しい言葉が使われていることもあります。しかし、それがかえって子どもにとっては新鮮な発見でもあり、語彙を増やすきっかけにもなります。

また、童話は普遍的な人間としてのあり方を象徴的に描いていることが多いので、子どもなりに吸収するものも多いはずです。最近の小学生は童話をあまり読まなくなっているようですから、この機会にぜひ童話の世界にも目を向けてみましょう。

【高学年のための学習法】

読んだ本の内容を400字でまとめてみよう

4年生ごろになって「書き写し学習」によって丁寧に文字が書けるようになり、漢字や語句の意味を調べたり、段落ごとの見出しもうまくつけられるようになってきたら、ワンランク上の学習にチャレンジしていきましょう。

それは「読んだ本の内容を400字にまとめる」という学習です。自分が読んだ作品をあらためて要約する作業を通して、その作品を注意深く読み取り、正確に理解する力が育ちます。ストーリー展開や登場人物、重要なエピソードをもらさず確実にまとめるのは意外に難しいものだけに、読解力が効果的に高まるというわけです。

もちろん、毎日のようにやるのは難しいでしょう。しかし、受験を控えているお子さんであっても合間を縫って、できるだけ月に1冊は読み、400字に要約する学習をスケジュールに組みこんでほしいと思います。

なお、次項から紹介する方法は、書き写しの学習を通して、ある程度文章が読めるようになってから取り組みましょう。高学年でもお子さんにはまだ無理そうだと思ったら、書き写し学習をもうしばらく続けてください。急がば回れという通り、あせらず、その子の状況に合わせて取り入れていただければと思います。

要約学習に適した本とは

要約学習に使う本選びをするとき、これまであまり読書をしてこなかったという場合は、好きなジャンルや、学年をさかのぼっても読みやすい作品を選ぶとよいでしょう。

一方、低学年のころから読書が習慣化している子であれば（できればそうあってほしいと願いますが）、日ごろあまり読まない名作を中心に選んでほしいと思います。

実際、この年齢の子どもたちが好んで読むのはＳＦやファンタジーです。しかしそういう作品の多くは、物語の仕掛けそのものが魅力的で、こまやかな描写などには目が行きにくいものです。読解力を高めるためには、行間も読み取らなければならないような文学作品をおすすめします。

いわゆる名作の中でも比較的読みやすいのは、学校が物語の舞台になっていたり、秘密基地を作るといった、読者と同世代の子どもが主人公の作品です。登場人物に感情移入しやすく、心情の変化なども読み取りやすいと思います。

また、ボリュームがあり、読みにくい作品でも、少年少女向けとしてやさしく書き直されたものもありますので、小学生のうちはそういうものを選ぶようにしましょう。はじめから難しい作品を選ぶのではなく、ハードルは低めに設定したほうが無難です。巻末のブックリストも参考にしてください。

もし受験するのであれば、志望校の過去問題に出された作品の原典を読んでみてもいいでしょう。受験をしないのであれば、受験組より時間はたっぷりあるのですから、そこを活用して少しずつ難しい本にも挑戦し、読解力をさらに高めていきましょう。

４００字にまとめる意味

ところで「なぜ４００字なの？」と、疑問をお持ちの方もいらっしゃるかもしれません。長編の物語を４００字にまとめるのは大変そうにも思えますが、実は４００字というのは非常にまとめやすい文字数なのです。作品の中の重要ポイントを押さえて書くために必要な最低限の文字数だといってもいいでしょう。

いったん４００字でまとめられれば、そこからさらに１００字や２００字に文字数を減らすのも比較的簡単にできます。反対に８００字や１０００字と文字数を増やしていくための幹としても生かすこともできます。小学校高学年の子が書いてまとめるということを考えても、４００字はちょうどいい文字数です。

ちなみに、麻布学園でも中学3年生ごろまでは、国語の授業で作品の内容を４００字にまとめさせる学習をくり返し行っています。書き慣れた感想文とは違うので、「どうしたらいいんですか」と困り果てて聞いてくる生徒もいます。

しかし学習を積み重ねていると、だんだんできるようになります。この「できた」

という感触が得られると意欲が高まり、どんどん読解力がついていくのです。ご家庭でもはじめは苦労されるかもしれませんが、何回かやっていくうちに必ずできるようになりますから、根気よく続けてほしいと思います。

本の内容を子どもに語らせよう

中学生も苦労しているのですから、小学生にいきなり４００字に要約したものを書かせるのは無謀なことです。本人のやる気をそがないためにも、少しずつ段階を追って進めていかなければなりません。

そこで、まずは読んだ本の内容を言葉で説明させてみましょう。時系列にストーリーを追って話すだけだとは思いますが、そこに登場人物や場所、主要なエピソードを交えることができていれば、とりあえず合格とします。

次の段階では、できるだけまとめて話すことを意識させましょう。ついダラダラと話しがちですが、サブ的な内容はごく短くして、中心となるエピソードを詳しく語らせたり、登場人物も主要メンバーにしぼるなど、要約のコツをさりげなくアドバイスできるといいですね。

こうして何回か語っているうちに、だんだん物語を的確にまとめるコツがわかってきたようなら、いよいよ400字にまとめて書く学習に移りましょう。

5W1Hを書き出してみよう

新聞のニュース記事などでは、内容を見出しよりも長いリードという短い文章によって、要約する段落があります。このときに、ポイントをもらさず書くために必要だといわれているのが「5W1H」を押さえる書き方です。

5W1Hとは「WHO　WHAT　WHEN　WHERE　WHY　HOW」、つまり「誰が、何を、いつ、どこで、なぜ、どのように」という意味です。これが物語文を要約するときも役立ちます。ストーリーの中から5W1Hを書き出すことで内容が整理され、要約の助けになるからです。

もう少し具体的に解説しましょう。ここでは誰もがご存じの名作『フランダースの犬』（ウィーダ）と『秘密の花園』（バーネット）を取り上げます。

112～113ページの表は二つのストーリーから5Ｗ1Ｈを表にしたものです。表の項目をご覧ください。

「主人公」「性格など」と少し先にある「周囲の人物」はＷＨＯ、「主人公の年齢」がＷＨＥＮになります。

また、「場所」「設定」がＷＨＥＲＥ、「大きな事件」がＷＨＡＴとＷＨＹ、「主人公の変化」がＨＯＷに相当します。

そのほかに「結末」も要約には欠かせない大切な要素ですので、表の項目として忘れずに入れておきましょう。

実際に表を作ったら、次はこれをもとにして物語の要約文を書いていきます。

作品名	主人公（Who）	性格など（Who）	主人公の年齢（いつ）（When）	場所（Where）	設定（始まり）（Where）
フランダースの犬	ネロ（とパトラッシュ）	気立てがよく、顔かたちも美しい少年	二歳から十六歳まで（年代としては不明）	ベルギー・アントワープ近郊の小さな村	ネロとネロのおじいさんとパトラッシュが一緒に暮らし、牛乳配達をしている。生活は貧しい。
秘密の花園	メリー	ひねくれていてわがまま。顔色も悪く、かわいいとはいえない少女。	十歳（年代としては不明）	インド・イギリス	メリーの両親がコレラで亡くなり、イギリスのおじさんのもとに引き取られる。

Who	What、Why	How	
周囲の人物（とくに重要な人物）	大きな事件（主人公の境遇・性格が変わっていく原因）	主人公の変化（主人公がどのように変化したのか）	結末
優しいおじいさん 幼なじみのアロア アロアのお父さんのコーヘス	・コーヘスによる迫害（ネロへの嫌がらせ） ・おじいさんの死 ・十二月二十四日、絵のコンクールに落選 ・コーヘスの財布を拾い、届ける	・画家になることを夢見ていた ・住む家までも追われ、飢えと寒さに苦しむ ・落選には大きなショックを受け、生きる気力をなくす	・ネロとパトラッシュは、アントワープの大聖堂の中で、ルーベンスの絵を奇跡によって見ることができた後、死を迎える（幸せそうな死に顔。しっかりと抱き合った両者）
イギリスのおじさん ジッコン（世話係の弟） コリン（おじさんの息子）	・両親の死 ・今までと全く違ったイギリスでの暮らし ・ジッコンとの出会い ・秘密の花園の発見 ・コリンとの出会い ・花園の手入れ	・庭で遊ぶようになり、元気さを取り戻す ・ジッコンと花園作りに精を出し、心も開かれていく ・わがままなコリンの心も開かせ元気にしていく	・イギリスのおじさんが、見違えるほど元気になった息子コリンと再会して、とてもうれしく思う

要約文の書き方

さあ、いよいよ400字の要約文に挑戦です。はじめに表をもとにして大まかなストーリーの流れと、エピソードや登場人物を確認します。自分なりに工夫して、人物関係などを見取り図にしてもいいですね。その中からとくに重要なエピソードを中心に、表作りで確認した5W1Hをもらさずにまとめていきます。

要約に慣れていないと、ストーリーの前半部の説明に大半を費やしてしまい、後半の要約の内容が薄くなってしまうというパターンに陥りがちです。要約のコツは、物語の盛り上がり部分を見極めて、そこにボリュームを置いてまとめること。とはいえ、そこまで書けるようになるには積み重ねがなくてはなりませんから、とりあえず慣れるまでは、書き出した箇条書きのエピソードをそのままつなげていくだけでも十分です。何回か書くうちに、少しずつ文章としてまとめられるようになっていくはずです。

また、400字という制約も慣れるまでは難しいかもしれません。たとえば『フランダースの犬』の中のいくつかのエピソードをまとめて、「ひどいめにあった」「いつも食べ物がなかった」などと工夫した表現でまとめていかなければならないからです。はじめのうちは文字数についてはおおむね400字としながら、300〜500字程度であれば許容範囲としておきましょう。

たとえば、先ほどの『フランダースの犬』の要約文も、より洗練された表現を用いるのであれば「迫害された」「飢えに苦しんだ」となりますが、これはさすがに小学生には難しいかもしれません。しかし、難関校といわれる中学を受験したいと考えるのであれば、この程度の表現力が求められることもありますから、日ごろから語彙を増やし、しっかり身につけておいてほしいところです。

では、ここで『フランダースの犬』と『秘密の花園』をそれぞれ要約するとどうなるか、まずはお母さんやお父さんが内容をあらためて確認するための要約文を見ていきましょう。ここに盛りこんだ要素がもれなく書かれていれば、「合格」です。なお、ここで使われている言葉は難しいものもありますので、お子さんの書いたものと比較する場合は表現にこだわる必要はありません。

『フランダースの犬』

ネロとパトラッシュは、パトラッシュがネロの家に引き取られてから、いつでも一緒に過ごしていた。生活は貧しかったが、ネロには画家になる夢があり、ネロのおじいさんとともに、けなげに生きていた。しかし、裕福な自分の娘とネロの親しいことが気にくわないコーヘスがネロを迫害しだした。ネロたちは飢えと寒さに苦しめられ、おじいさんが死ぬと家まで奪われる。十二月二十四日、最後の希望であった絵のコンクールに落選すると、ネロは生きる希望を失い、コーヘスが落とした大金の入った財布を拾って届けた後、パトラッシュだけを残して姿を消す。しかし、パトラッシュはネロを追いかけ、ほとんど力尽きたネロと一緒に大聖堂に入る。飢え凍えて手足の感覚を失い、意識もうすれゆく中、彼らはなぜかおおいが外れたルーベンスの絵が、光に照らし出されて浮かび上がるのを目にする。明くる朝、人々は冷たくなったネロとパトラッシュを、大聖堂の中で発見する。

次に『秘密の花園』の要約文を二つ紹介します。Aは、より客観的な視点で書いたもの、Bはより心情に踏みこんだ形でまとめたものです。Bのほうが難しいと思いますが、より深く読みこんで書かれていますので参考にしてください。

『秘密の花園』

A

インドで生まれたイギリス人のメリーは、十歳のとき、コレラで両親や召使いがみんな亡くなると、イギリスのおじさんに引き取られた。メリーはその家の庭で自由に遊ぶうち、心身ともにたくましく成長するが、立ち入れない場所があることに気づくと、何とかして鍵を発見し、隠れていた扉を開けることに成功する。そこには見たこともない、荒れた花園が現れた。彼女は、世話係の弟で十二歳になるジッコンと一緒に、ほかの人には内緒で花園の手入れを始める。また、家の中で何度も聞こえた泣き声の正体は、おじさんの息子のコリンだったが、彼は十歳なのに、病気ですぐに自分が死ぬと思いこんでいた。メリーは秘密の花園のことを教え、彼を元気づける。そして、子どもたち三人だけで花園を手入れし続けるうちに、コリンは見違えるほど元気になる。メリーが来てから半年後、旅から帰ってきたおじさんは、生き生きとした彼の姿を見て、心から喜ぶのであった。

B

インドで生まれ、甘やかされて育ち、家の中の世界しか知らなかった十歳のメリーは、両親の死後引き取られたイギリスのおじさんの家で、それまでとは全く違った環境に戸惑う。が、ジッコンという、動物たちから愛されている少年と協力して、自分が見つけた花園をよみがえらせようと、一生懸命に手入れをする中で、自然の息吹に包まれ、心身ともに生まれ変わる。また、何度も聞こえた泣き声がもとで、おじさんの息子のコリンと知り合うが、病弱ですぐ死ぬと思いこんでいた彼を気の毒に思ったメリーは、彼を秘密の花園へと導き、三人で一緒に作業をする中で、自然の力によって彼を元気にすることに成功する。おじさんはコリンと引き替えに妻を亡くした後、その悲しみから彼を遠ざけ、妻のためにこしらえた花園も閉鎖してしまったが、メリーが来てすぐ出かけた半年間の旅から戻り、その花園から出てくる生き生きとしたコリンの姿を見て、心から喜ぶのであった。

この『秘密の花園』の要約は、お読みいただいておわかりかと思いますが、AよりBのほうが、物語の面白さもまとめられています。登場人物の内面にも触れていることにより、より心情的な部分が伝わってくるのです。同じ400字にまとめるのであっても、その子がどこまで読みこめているかは、登場人物の心情にも触れているかどうかで判断することができるというわけです。

以上三つの要約文は、いずれもストーリーのポイントだけをかいつまんでまとめていますが、全体像もしっかり伝わってきます。しかし、子どもがここまで破綻《はたん》なく書ききることはほとんどありません。

子どもによってはとくに気に入ったエピソードがあればそこは外せないでしょうし、主人公への思い入れも深かったりします。それはそれでいいのです。この要約するという学習には「正解」はありません。むしろ、大人が気づかなかった視点を持っていたり、より深く読み取っていることもあるはずです。

この学習で大切なことは、ストーリー全体を見渡せる能力を育てることと、言いたいことをより短い言葉で表す工夫をこらせるようになることです。物語の中で使われている表現も使いながらアウトプットすることに意味があるのです。

また、文章を書き慣れていないと、どう書き始めていいのかイメージしにくいこともあります。そんなときには、本のカバーや帯などにストーリーのさわりが書かれていることもありますから、参考にしてもいいでしょう。そこから少しふくらませたり、追加していけばいいのです。また、はじめから400字で書くのが難しいようなら、とりあえず200字程度でごく基本的な情報だけをまとめ、そこに書き足していくという方法もあります。

では、実際に子どもが書いたらどんな文章になるでしょう。正解はないと申し上げましたが、あえて模範解答に近いものをご紹介します。お子さんにアドバイスするときの参考にしてください。

『フランダースの犬』

ネロとパトラッシュはとても仲良しでいつも一緒に過ごしていました。ネロの家はとても貧しいけれど、大きくなったら画家になりたいという夢を持って、明るく生きていました。やがて、村一番のお金持ちの娘アロアと親しくなるのですが、アロアの父が会えないようにしてしまいました。ネロのおじいさんが亡くなり、クリスマスの前日には、住んでいた小屋からも追い出されてしまったネロは、応募していた絵のコンクールに落選したことを知り絶望して、アロアの父が落とした大金の入った財布を届けた後、姿を消してしまいます。パトラッシュがネロを見つけたのは、ずっと見たいと願っていたルーベンスの絵のある教会の大聖堂でした。２人が力尽きる前、光に照らされたルーベンスの絵が浮かび上がり、ついに絵に描かれたイエスの姿を見ることができたのです。そして翌朝、人々は冷たくなったネロとパトラッシュを見つけたのでした。

『秘密の花園』

インドで生まれたイギリス人のメリーは、とてもわがままで気むずかしい女の子でした。ところが十歳のときにコレラが流行して両親や召使いは全員死んでしまい、イギリスのおじさんの家に引き取られます。その家の庭で遊んでいるときに、どうしても入れない場所を見つけ、隠れていた扉を開けることに成功します。世話係の弟のジッコンと協力し、自分たちが見つけた秘密の花園の手入れを始めました。また、おじさんの息子のコリンが、家の中で何度も聞こえていた泣き声の主ということもわかりました。コリンをかわいそうに思ったメリーは、花園の手入れを一緒にやろうとさそいます。庭仕事をするうちに、コリンは見違えるほど元気になっていきました。おじさんは妻を亡くし、そのつらさから、病気の息子もすぐに死んでしまうと思いこみ、旅に出ていました。メリーが来てから半年後、帰ってきたおじさんは、元気になった息子の姿を見て、心から喜んだのでした。

いかがでしたでしょうか。子どもが書いたものを評価する場合は、全体の流れや人物の関係性などに間違いがなく、結論までまとめることができていればよしとしましょう。

実際に、小学5年生の男の子に、『フランダースの犬』の要約にチャレンジしてもらいました。詳しく添削、解説していますので、こちらもぜひ参考にしてください。

適切な接続詞を使うことができています。

漢字で書きましょう。（二人）

フランダース地方の小さな村のはずれに、ネロという少年とパトラッシュという犬がいました。ふたりはイェハーン＝ダースという老人に育てられました。ふたりの友だちにアロアという少女がいましたが、あそんでいるとその人のお父さんのコーヘスだんながおこってくるのでした。

◎ところで、ネロにはひみつがありました。それは、ネロたちのすんでいる小屋には小さな納屋がついており、そこで灰色の紙をひろげ

（住）

△ネロが画家を目指していることにも触れるとよかったですね。

◎登場人物や場所、人間関係がきちんと書けていて、大変よくまとまっています。

て、頭にうかぶものをかいていました。ある
日の夜に、アロアの家が火事になり、ネロは
火事の犯人だとうたがわれてしまいました。
さらに、ネロはもっと貧乏になりしかもすん
でいた小屋から、おいだされてしまいました。
しかし、最後は、コーヘスだんなと仲なおり
するが、お金がないのでごはんも食べられな
か、たうえに、雪が降っていたのでこごえて
しまい、とうとうネロとパトラッシュは死ん
でしまいました。

(描

物語ではコーヘスだんなとは仲直りしていません。

(追い出され)

◎

(直)

正しく書きましょう。
(乏)

△最後にネロがルーベンスの絵を見ることができたエピソードも入れましょう。

〔解説〕

字がとてもきれいで誤字もほとんどなく、頑張って書いている様子がよく伝わってきます。最初の7行では、WHO（登場人物）、WHERE（場所）とその人間関係をうまくまとめることができました。しかし、全体的に見ると、どうしても不つり合いで、最後のエピソードを十分に書ききれていません。

また、最後にアロアの父と仲直りをしたと誤った理解をしています。このような読解不足をなくすためには、とくに最後のエピソードを中心に、どんな出来事があったかを時間を追って書き出していくといいでしょう。そうすることで、実はネロの誤解は解けたものの、アロアの父とは仲直りできていなかったことがはっきりとわかるはずです。

この『フランダースの犬』に限らず、ストーリーの要約文を作るときは、まず物語のクライマックス部分（たいていは最後のほうになります）からまとめてしまうのがコツです。その後で前の部分をまとめてつなげていくと全体のバランスがよくなります。

とはいえ、400字でこれだけのストーリーをまとめるのは大変なことです。一度400字で書いたものを親子で読み直し、もう少し書き足したほうがよい部分があれば200字ぐらいで書き足してみましょう。それを先に書いた文章の適切な場所に入れこみ、最後に600字程度のものに清書して完成させてください。きっと「こういうところはきちんと書いたほうがいいんだな」と、子ども自身が実感できる効果的な学習になるはずです。

なお、「イェハーン＝ダース」「コーヘスだんな」などの固有名詞は字数を使いますので、「おじいさん」「アロアの父」という表記で十分です。漢字で書くことも字数の節約になりますので、習った漢字はできるだけ使うようにしましょう。

苦手意識を持たせないために

麻布の生徒たちと話していると気になることがあります。小学校のころの得意不得意や、好き嫌いの感覚を、ずっと引きずっているのです。

私　「数学はどうしたの？　調子悪いようだね」
生徒「ええ、小学校の塾のときから、算数はそんなにできなかったんです」
私　「算数と数学は違うけどなぁ……。ちゃんと授業を聞いている？」
生徒「そうですね。聞いてそのときはわかったような気がするんです。でも、なんだか……」
私　「なんだか？」
生徒「いざ試験で問題を解こうとすると、よくわからなくなって……」
私　「小学校のときの苦手意識を引きずっていないかなあ」
生徒「それはあると思います」

と、こんな具合です。また、中学、高校を通して国語のよくできる生徒でも、小学校時代に苦手意識を持っているとこうなります。

私 「国語はいいね」
生徒 「でも、小学校のときはそんなにできなかったんですよ」
私 「信じられないなあ。でも、今はだいたい安定しているよ」
生徒 「そうですね。でも、実力テストになると、いまいちよくない感じなんです。やっぱり実力がついていないってことですかね」
私 「そんなに悪くないよ。平均点は上回っているよね」
生徒 「でも、文章によって読めたり読めなかったりして……」
私 「そんなに気にする必要はないんじゃないのかなあ」

贅沢な悩みと思われた方もいらっしゃるでしょう。でも、彼らはマイナス思考から逃れられずにいるのです。小学校時代のトラウマから逃れるのは、かくも大変なことなのです。

また、国語に限らず、その教科に対する劣等感を植えつけてしまう可能性のある言葉が「遺伝」です。お父さんやお母さんは、子どもの成績がいまひとつ伸びないとき

のなぐさめとして、

「私も国語が苦手だったわ」

「うちは理系の家系だからねぇ」

というようなことを言ってしまいがち。でも、これでは「できなくてもしかたないんだ」と妙に安心してしまったり、国語が苦手だという思いこみが定着するばかりです。

また、一生懸命勉強しても思うように成績が上がらないこともあります。そんなときに、

「○○ちゃんは、もう十分やっているよ」

「いいよ、しかたないよ。頑張っているんだからね」

といったなぐさめも禁句です。これではより深いあきらめと、自分への哀れみの心が生まれてしまいます。中途半端ななぐさめは自信をなくし、親への甘えを誘い出したりということもあります。くれぐれも安易になぐさめ、苦手意識を助長するのはやめましょう。

国語については、読解問題が解けなかったのであれば、ひたすら復習することをお

すすめします。国語の場合は勘違いによる本文の誤読、文章の主旨が読み取れない、設問の読み取り間違いなどがミスの定番ですね。これらを丁寧に復習し、なぜ間違ったのかを反省するだけで必ず次につなげていけます。こうして間違いの性質を一つ一つ見極め、少しでもできるようになれば、子どもも自信が持てるようになります。

親子で間違いを確認する作業をしていると、つい「えっ、こんな問題もできないの？」という思いを抱くこともあるでしょう。しかし、これも絶対に言ってはいけないことです。本音は封印し「間違ったことで、正しく覚えられてよかったね」ですませてあげてください。

とにかく子どもの能力を信じること。すべてはここから始まります。「何があろうと大丈夫。この子はちゃんとできるようになるはずだ」という思いと、「どうして間違えたのか」という具体的な検証の努力が合わさったとき、子どもは伸び始めるのですから。

第5章

長文読解問題に挑戦！

長文読解の心構え

長文はその文字量に圧倒され、あせってつい飛ばし読みになってしまったり、傍線部の周辺だけを切り取って読んでしまったりすることがあります。

正しく読み取るために最も大切なことは、飛ばさずにきっちり読んでいくことです。入学試験を控えているのであれば、できるだけ速く正確に読むトレーニングをしておきましょう。

また、必ず本文を読んでから設問を読むようにしてください。設問を先に読んでしまうと設問の内容に引きずられてしまい、正確な読解ができないこともあるからです。

本文の読み方として、大切だと思うところに線を引きながら読む方法もありますが、あまり線が多くなると何が何だかわからなくなってしまいますので、おすすめしません。読みながら登場人物や場所などの設定に印をつけ、読み進める中で、時間や場所、場面が切り替わるところをチェックしておけば十分です。

今回、この本のために小学校高学年向けの長文読解問題を作りました。ぜひ親子で取り組んでみてください。

◆読解問題1

次は芥川龍之介《あくたがわりゅうのすけ》著『杜子春《とししゅん》』の一部分である。文章を読み、以下の設問に答えよ。

（都合により全文の掲載ができないため、（　）内はストーリーの概略）

（唐《とう》の都・洛陽《らくよう》に住む杜子春という若者が、財産を使い果たして行き場をなくし、夕方、町外れの西の門にたたずんでいると、老人がどこからともなくあらわれた。彼が言うには、夕日を背にして立ち、影の頭のところを夜中に掘れば、車にいっぱいの黄金を見つけることができるとのこと。驚いた杜子春が目を上げると、老人の姿はすでにそこにはなかったが、言った通りに黄金が見つかった。

杜子春は再び贅沢《ぜいたく》な暮らしにうつつを抜かし、多くの人々が彼のもとに集まったが、三年後にはその富も再び使い果たすと、人々からは見向きもされなくなり、途方に暮れて、また夕暮れの洛陽の西門にたたずむこととなった。すると、以前の老人が再びあらわれ、夕日を背にして立ち、その影の胸のところを夜中に掘れば、車にいっぱいの黄金を見つけることができると教えた。杜子春が言われた通りにすると、はたして黄金が見つかり、彼はまた贅沢な暮らしに明け暮れたが、三年後にはそれも使い果たし、人々は彼から離れ、三たび夕方、洛陽の西門にたたずむことになった。

老人が現れ、杜子春に金のありかを教えようとすると、杜子春は今度はそれをさえぎる。人の気持ちが当てにならないことにほとほとがっかりした彼は、もう富はいらないと言う。老人が、これからは貧乏をしても安らかに暮らしていくつもりか、と問うと、杜子春は、あなたは仙人であるだろうから、弟子になり、仙術を身につけたいと強く申し出る。老人は自分が鉄冠子《てっかんし》という仙人であることを認め、杜子春の言葉を聞き入れ、仙人になるための修行を課すために峨眉山《がびさん》へ向かう。）

A

『二人がこの岩の上にくると、鉄冠子は杜子春を絶壁の下にすわらせて、

「おれはこれから天上へいって、西王母《せいおうぼ》（中国の神話にでてくる女神）にお目にかかってくるから、おまえはそのあいだここにすわって、おれの帰るのをまっているがいい。たぶんおれがいなくなると、いろいろな魔性があらわれて、おまえをたぶらかそうとするだろうが、たといどんなことが起ころうとも、けっして声をだすのではないぞ。もしひと言でも口をきいたら、おまえはとうてい仙人にはなれないものだとかくごをしろ。いいか。天地がさけても、だまっているのだぞ。」といいました。

「だいじょうぶです。けっして声なぞはだしはしません。命がなくなっても、だまっています。」

「そうか。それを聞いて、おれも安心した。ではおれはいってくるから。」

老人は杜子春に別れをつげると、またあの竹づえにまたがって、夜目にもけずったような山々の空へ、一文字にきえてしまいました。』

(老人がいなくなると、虎と蛇がやってきて、名を名乗るように杜子春をおどすが、彼がだまっているので襲いかかろうとする。それでも杜子春が我慢していると、すんでのところで両方とも消え失せる。次に突然大嵐が起こり、雷が杜子春めがけて落ちてきた。杜子春は地にひれ伏すが、それでも悲鳴を上げないでいると、いつの間にか、元の夜空が戻ってきた。と安心する間もなく、鎧《よろい》に身を固め三つ叉《また》の戟《ほこ》を手にした神《しん》将《しょう》があらわれ、名乗らぬと命を取るとおどす。それでも杜子春が黙っていると、その戟でひと突きに彼を貫き、杜子春の魂は地獄へ落ちていく。地獄で、えんま大王にも口をきかない杜子春に対し、さまざまな拷問《ごうもん》が行われるが、それでも黙っているのを見て、えんま大王は畜生道《ちくしょうどう》に落ち、痩《や》せ馬となった杜子春の両親を、今度は彼の目の前で拷問にかけることにする。それでも杜子春は何も言おうとしない。)

『「こら、そのほうはなんのために、峨眉山の上にすわっていたか、まっすぐに白状しなければ、こんどはそのほうの父母にいいたい思いをさせてやるぞ。」

杜子春はこうおどされても、やはり返答をしずにいました。

「この不孝者めが。そのほうは父母が苦しんでも、そのほうさえつごうがよければ、いいと思っているのだな。」

えんま大王は森羅殿《しんらでん》もくずれるほど、すさまじい声でわめきました。

「打て。鬼ども。その二ひきの畜生を、肉も骨も打ちくだいてしまえ。」

鬼どもはいっせいに「はっ。」と答えながら、鉄のむちをとって立ちあがると、四方八方から二ひきの馬を、未練《みれん》未酌《みしゃく》なく打ちのめしました。むちはりゅうりゅうと風を切って、ところきらわず雨のように、馬の皮肉を打ちやぶるのです。馬は、――畜生になった父母は、苦しそうに身をもだえて、目には血のなみだをうかべたまま、見てもいられないほどいななきたてました。

「どうだ。まだそのほうは白状しないか。」

えんま大王は鬼どもに、しばらくむちの手をやめさせて、もう一度杜子春の答えをうながしました。もうそのときには二ひきの馬も、肉はさけ骨はくだけて、息もたえだえに階《きざはし》の前へ、たおれふしていたのです。

杜子春は必死になって、鉄冠子のことばを思いだしながら、①かたく目をつぶっていました。するとそのときかれの耳には、ほとんど声とはいえないくらい、かすかな声がつたわってきました。

「心配をおしでない。わたしたちはどうなっても、おまえさえしあわせになれるのなら、それよりけっこうなことはないのだからね。大王がなんとおっしゃっても、いいたくないことはだまっておいで。」

それはたしかになつかしい、母親の声にちがいありません。杜子春は思わず、目をあきました。そうして馬の一ぴきが、力なく地上にたおれたまま、かなしそうにかれの顔へ、じっと目をやっているのを見ました。母親はこんな苦しみの中にも、むすこの心を思いやって、鬼どものむちに打たれたことを、うらむ気色さえも見せないのです。大金持ちになればお世辞をいい、貧乏人になれば口もきかない世間の人たちにくらべると、なんというありがたい志でしょう。なんというけなげな決心でしょう。杜子春は老人のいましめもわすれて、まろぶようにそのそばへ走りよると、両手に半死の馬の首をだいて、はらはらとなみだをおとしながら、②「お母さん。」とひと声をさけびました。……

その声に気がついてみると、杜子春はやはり夕日をあびて、洛陽の西の門の下に、ぼんやりたたずんでいるのでした。かすんだ空、白い三日月、たえまない人や車の波、——すべてがまだ峨眉山へ、ゆかないまえとおなじことです。

「どうだな。おれの弟子になったところが、とても仙人にはなれはすまい。」

片目すがめの老人は微笑をふくみながらいいました。

「なれません。なれませんが、しかしわたしはなれなかったことも、かえってうれしい気がするのです。」

杜子春はまだ目になみだをうかべたまま、③思わず老人の手をにぎりました。

「いくら仙人になれたところが、私はあの地獄の森羅殿の前に、むちをうけている父母を見ては、だまっているわけにはゆきません。」

「もしおまえがだまっていたら——。」と鉄冠子はきゅうにおごそかな顔になって、じっと杜子春をみつめました。

「もしおまえがだまっていたら、おれはそくざにおまえの命をたってしまおうと思っていたのだ。――おまえはもう仙人になりたいという望みももっていまい。大金持ちになることは、もとよりあいそがつきたはずだ。ではおまえはこれからのち、なんになったらいいと思うな。」

「なんになっても、人間らしい、正直なくらしをするつもりです。」

杜子春の声には、いままでにないはればれした調子がこもっていました。

「そのことばをわすれるなよ。ではおれはきょうかぎり、二度とおまえにはあわないから。」

鉄冠子はこういううちに、もう歩きだしていましたが、きゅうにまた足をとめて、杜子春の方をふりかえると、

④「おお、幸い、いま思い出したが、おれは泰山《たいざん》の南のふもとに一軒の家をもっている。その家を畑ごとおまえにやるから、さっそくいって住まうがいい。いまごろはちょうど家のまわりに、ももの花がいちめんにさいているだろう。」と、さもゆかいそうにつけくわえました。』

講談社刊 青い鳥文庫――芥川龍之介短編集――『くもの糸・杜子春』

〈設問〉

問1 Aの部分（『二人が ～ きえてしまいました。』）をよく読み、鉄冠子が杜子春に与えた戒《いまし》めとはどのようなものか、四〇字以内で答えよ（句読点を含む）。

問2 ――①とあるが、杜子春が目をつぶっていたのはなぜか、説明せよ。

問3 ――②とあるが、杜子春が鉄冠子の戒めを破ったのはなぜか、説明せよ。

問4 ――③とあるが、杜子春がこのとき、老人の手を握ったのはなぜか、説明せよ。

問5　鉄冠子が杜子春に何度もはたらきかけた目的は何か。波線部分④を参考にしながら説明せよ。

〔解答〕

問1　仙人になりたいのなら、何があっても決して口をきいてはならぬ、ということ。（三十六字）

問2　目を開けていると、拷問を受けても自分のために耐えている両親の痛ましい姿が目に入り、何かさけばずにはいられなくなってしまうから。

問3　拷問を受けて自分は死にそうになっているのに、息子である杜子春の志を思いやって励ましてくれる母親の愛情の深さを、しみじみありがたいと思い、鉄冠子の戒めなど、もうどうでもよくなっていたから。

問4　自分の中に人間らしい気持ちがあったというううれしさを、老人に直接感じ取ってほしかったから。

問5　本当に満足のいく人生は、人間らしい暮らしや心の平安の中にあるということに、杜子春が自分で気づくこと。

〈解説〉

問1　Aの「たといどんなことが起ころうとも」「もしひと言でも」というところを中心にまとめましょう。仙人になりたいのだという要素も含めなければならないため、本文をそのまま引用するのではなく、表現に工夫が必要です。

問2　かなり難易度の高い問題です。

本文では、むちが馬になった両親をたたく様子が「馬の皮肉を打ちやぶる」「目には血のなみだを」「肉はさけ骨はくだけ」と刺激的に書かれています。そこから、もし目を開けていたらどうなったかを想像して答えを書くとよいでしょう。

このような問題では、傍線部の前後のフレーズが重要なヒントになることがあります。この問題でも、傍線部のすぐ前にある「鉄冠子のことばを思いだしながら」を踏まえ、もし目を開けていたらきっと声を出してしまうはずだという説明をつけることが必要です。

問3　ここでは杜子春の気持ちが大きく変わっています。それまでは老人の戒めを守ることを最優先にしてきましたが、拷問されても息子を思う母の気持ちを知ったことで、戒めなどどうでもいいと思うようになりました。

このように、何がどう変わったかをきちんと書けるかどうかが問われている問題です。

問4　杜子春はただ言葉で伝えるだけでは物足りず、手を握ることによって、より強く伝えたいという思いを身体を通して訴えています。この感覚は日々の生活でもスキンシップの経験がないと、ピンと来ないかもしれません。

問5　概略部も含め、全体をしっかり読んだ上で答えてもらいたい問題です。たとえば、前半の概略部分で老人が「貧乏をしても安らかに暮らしていくつもりか」と問いかけています。鉄冠子はすでにそのときから、杜子春をこの結末へ向かわせようとしていることがうかがえます。二度も裕福な生活をさせたのもそのためだということに気づくことができれば、自然と答えが見つかるでしょう。

◆読解問題2

次は遠藤周作著『海と毒薬』の一部分である。文章を読み、以下の設問に答えよ。

五年生になって二学期の最初の日、教師が一人の転入生を教室に連れてきた。首に白い繃帯《ほうたい》をまき眼鏡をかけた小さな子だった。教壇の横で彼は女の子のように眼を伏せて床の一点をみつめていた。

「みんな」黄ばんだスポーツ・パンツをはいたその若い教師は腰に手をあてて大声で叫んだ。

「東京から転校してきた友だちや。仲良うせな、あかんぜ」

それから彼は黒板に白墨で若林　稔《わかばやしみのる》という名を書いた。

「アキラよ、この子の名、読めるか」

教室はすこし、ざわめいた。中にはぼくの方をそっと振りかえる者もいる。その若林という子がぼくと同じように髪の毛を長く伸ばしていたからである。ぼくといえば、多少、敵意とも嫉妬《しっと》ともつかぬ感情で、その首に白い繃帯をまいた子供を眺《なが》めていた。鼻にずり落ちた眼鏡を指であげながら、彼はこちらをチラッと盗み見ては眼を伏せた。

「みんな、①夏休みの作文、書いてきたやろ」教師は言った。「若林クンはあの席に坐《すわ》って聞きなさい。まず、戸田クン、読んでみろや」

転入生のことを教師が若林クンと呼んだことが、ぼくの自尊心を傷つけた。この組で君をつけて呼ばれるのは今日までぼくが一人だけの特権だったからである。命ぜられるままに、たち上って作文を読みはじめた。何時もなら、この時間はぼくにとって楽しいものなのだ。自分の書いたものを模範《もはん》作文として皆に朗読《ろうどく》することは大いに虚栄心《きょえいしん》を充《み》たしてくれたのだが、この日は読みながら、心は落ちつかなかった。斜め横の椅子《いす》に腰をおろした転入生の眼鏡が気になったのである。彼は東京の小学校から来ている。髪の毛を伸ばし、白い襟《えり》のでたシャレた洋服を着ている。（負けんぞ）とぼくは心の中で呟《つぶや》いた。

作文の時、ぼくはいつも一、二カ所のサワリを作っておく。サワリとは師範《しはん》出の若い教師が悦《よろこ》びそうな場面である。別に意識して書いたのではないが、鈴木三重吉《すずきみえきち》の「赤い鳥」文集を生徒に読みきかせるこの青年教師から賞《ほ》められるために、純真さ、少年らしい感情を感じさせる場面を織りこんでおいたのだ。

「夏休みのある日、木村君が病気だと聞いたので、さっそく見まいに行こうと考えた」とその日もぼくは皆の前で朗読した。

これは本当だった。けれどもそれに続くあとの部分で、例によってぼくはありもしない場面を作りあげていた。病気の木村君のため、苦心して採集した蝶《ちょう》の標本箱を持っていこうとする。ネギ畠の中を歩きながら、突然、それをやることが惜しくなる。幾度も家に戻《もど》ろうとするが、やっぱり木村君の家まで来てしまう。そして彼の悦んだ顔を見てホッとする……。

「よおし」ぼくが読み終わった時、教師はいかにも満足したように組中の子供を見まわした。「戸田クンの作文のどこがええか、わかるか。わかった者は手をあげよ」

二、三人の子供が自信なげに手をあげた。ぼくには彼等の答えも、教師の言いたいこともほぼ見当がついていた。木村マサルという子に標本箱を持っていってやったのは本当である。だが、それは彼の病気に同情したためではない。キリギリスの鳴きたてる畠を歩いたことも事実である。だが、これをくれてやることが惜しいとは思いもしなかった。なぜならぼくは三つほど、そんな標本箱を父から買い与えられていたからだ。木村が悦んだことは言うまでもない。だが、あの時、ぼくが感じたのは彼の百姓家のきたなさと優越感とだけであった。

「アキラ。答えてみろや」

「戸田クンがマサルに標本箱……大切な標本箱、やりはったのが偉いと思います」

「それは、まあ、そやけれど、この作文のええ所は」教師は白墨を取ると黒板に——良心的——という三文字を書きつけた。「ネギ畠を歩きながら標本箱やるのが惜しゅうなった気持をありのままに書いているやろ。みなの作文には時々、ウソがある。しかし戸田クンは本当の気持を正直に書いている。良心的だナ」

ぼくは黒板に教師が大書した良心的という三文字を眺めた。どこかの教室でかすれたオルガンの音がきこえる。女の子たちが唱歌を歌っている。別にウソをついたとも仲間や教師をダマしたとも思わなかった。今日まで学校でも家庭でもそうだったのだし、そうすることによってぼくは優等生であり善い子だったのである。

ななめ横をそっと振りむくと、あの髪の毛を伸ばした転入生が鼻に眼鏡を少しずり落して黒板をじっと見詰めていた。ぼくの視線に気づいたのか、彼は首にまいた白い繃帯をねじるようにしてこちらに顔をむけた。二人はそのまましばらくの間、たがいの顔を探るように窺《うかが》いあっていた。と、彼の頬《ほお》がかすかに赤らみ、うすい笑いが唇《くちびる》にうかんだ。（みんなは瞞《だま》されてもネ、僕は知っているよ）その微笑はまるでそう言っているようだった。（ネギ畠を歩いたことも、標本箱が惜しくなったことも皆、ウソだろ。②うまくやってきたね。だが大人を瞞せても東京の子供は瞞されないよ）
③ぼくは視線をそらし、耳まで赤い血がのぼるのを感じた。オルガンの音がやみ、女の子たちの声も聞えなくなった。黒板の字が震え動いているような気がした。
それからぼくの自信は少しずつ崩れはじめた。教室でもも校庭でもこの若林という子がそばにいる限り、何かうしろめたい屈辱感《くつじょくかん》に似たものを感じるのである。勿論《もちろん》、そのために成績が落ちるということはなかったが、教師から皆の前でホメられた時、図画や書き方が壁にはられた時、組の自治会で仲間から委員にまつり上げられた時、ぼくは彼の眼をひそかに盗み見てしまう。

この子の眼と書いたが、今、考えてみるとそれは決してぼくをとがめる裁判官の眼でもなく罪を責める良心の眼でもなかった。同じ秘密、同じ悪の種をもった二人の少年が④たがいに相手の中に自分の姿をさぐりあっただけにすぎぬ。ぼくがあの時、感じたのは心の苛責《かしゃく》ではなく、自分の秘密を握られたという屈辱感だったのだ。

新潮社刊 新潮文庫『海と毒薬』

〈設問〉

問1 ――①について。

(1)「ぼく」の書いた「夏休みの作文」で、「ぼく」が真実と異なるとはっきり認めているのはどのようなところか。作文の内容を思いうかべながら、三点に分けて説明せよ（答える順序は問わない）。

(2)「ぼく」が「夏休みの作文」で書かなかったのは、どのようなことか。二点にまとめて説明せよ（答える順序は問わない）。

（3）「ぼく」はなぜこのような作文を書いたのか、説明せよ。

問2 ――②について。「うまくやってきたね」とあるが、この内容を説明した文章として最適なものを、次のア～エのうちから選び、記号で答えよ。

ア　これまで、うその内容を表した作文で、「ぼく」が、みんなをまんまとだますことができていたのをたたえている。

イ　今回の作文も含め、「ぼく」がいつもうその作文を書き、それでも良心が痛まず、平気でいることにあきれている。

ウ　「ぼく」がみんなからほめられようとして、これまでうその作文を書き、それが成功していたことを見ぬいている。

エ　「ぼく」がいつも作文にうそを含ませて書くことに、これまで他の人が気づかなかったのは不思議だと感じている。

問3 ――③について。「ぼく」はこのとき、なぜ「視線をそらし、耳まで赤い血がのぼるのを感じた」のか。説明せよ。

問4 ――④について。「たがいに相手の中に自分の姿をさぐりあった」とはどういうことか。わかりやすく説明せよ。

〈解答〉

問1

（1）標本箱をあげるかどうか、途中で迷ったところ。
病気の木村君に同情し、彼のうれしそうな表情にホッとしたところ。
標本箱には苦心して採集した蝶が飾ってあるところ。

（2）標本箱は、似たようなものを父から三つほどもらっていたので、そのうちの一つを木村君にあげることを惜しいとは思わなかったこと。

悦んだ木村君を見て感じたのが、彼の住む家の汚さと、こんなものをもらって悦ぶ彼への優越感だけであったこと。

（3）教師を含め、みんなから感心されることによって、自分の優越感をさらに強めようとしたから。

問2 ウ

問3 ありもしないことを書き加えて、他の人から感心されることで優越感にひたろうとする自分の心の貧しさを、彼に見ぬかれたことを悔しく受け止めたから。

問4 言葉に出して確認するのは気が引けるような心の中の悪の要素を、相手も持っているかどうかを、相手の様子や表情などから察知しようとする、ということ。

〈解説〉

問1 この設問の中で最も問いたいのが（3）です。（1）と（2）がきちんと答えられなければ（3）で正答するのは難しいでしょう。

（1）作文そのものは出てきませんが、文中に「ありもしない場面を作りあげていた」とあり、そこに続く文章の中から、三つのポイントを見つけることができます。

（2）「ぼく」が皆に対して隠そうと思ったのは「惜しくなかった」ことと「彼の家の汚さと彼への優越感を感じた」ことの二点です。これらをただ抜き出しただけでは満点にはなりません。自分の言葉でまとめたり、必要な言葉を補っていきましょう。

（3）答えを引き出すキーワードは、本文中にある「虚栄心」という語句です。模範作文を読んだことに対する虚栄心とは、具体的にどういうものかを説明してほしいところです。

問2 問3への誘導にもなる設問ですから、確実に読み取るようにしましょう。
アの「たたえている」という表現は行きすぎ。
イの「あきれている」様子も、若林君の表情からは読み取れません。
エもこういうふうには感じていないことは明らかです。
この場面で感情を読み取ることはできないので、答えは「ウ」になります。

問3 最も重要な問題です。なぜ自分がそういう作文を書いたのかという理由、つまり、問1の（3）をふまえて「ぼく」が「耳まで赤い血がのぼるのを感じた」理由を述べなければなりません。

解答にある「心の貧しさ」という表現ができるかどうかがポイントです。「心の貧しさ」に類する「心の弱さ」「心のいやしさ」といった表現でもいいですが、いずれにしても、少し大人びた表現を扱うことを要求している問題でもあります。

耳まで赤くなったのは決して「恥ずかしい」からではありません。文末にある「屈辱感だったのだ」というところからもわかる通り、若林君に見ぬかれたことを悔しく感じていることを正確に読み取ってほしいと思います。

問4 傍線の直前にある「同じ秘密、同じ悪の種をもった二人の少年が」というところから、相手と自分が同じような心のありようをしていることがうかがえます。二人の少年が何をさぐり合ったのかを、具体的に説明することを要求している問題です。

第6章

子どもの人間力を育むために

自分の考えをまとめ、言葉にする力を育てる

第5章の読解問題はいかがでしたか？　難しかったという印象を受けた方がほとんどではないでしょうか？

一部の学校ではこのあたりまで要求されることもありますので、あえて難易度の高い問題を紹介しました。もしできなくても、気にされる必要は全くありません。読書が習慣になり、確実に読む力をつけることができさえすれば、読解問題を解く練習を重ねることで、コツがつかめてくるはずですから。

読解力を高めれば、もちろん読解問題でいい点数をとることができるでしょう。しかし、私は何度も申し上げているように、読解力とは試験でのみ必要なものではなく、人が生きていくためになくてはならない力だとも思っています。

ですから、ただ筆者の主張を理解して設問に答えるというレベルにとどまるのではなく、自分の考えをまとめて言葉にできる力をつけていくことこそ、最終的な目的にしてほしいと願います。

自分の意見を発信できる力をつける

中学、高校の国語の最新の学習指導要領には「読んで批評する」という項目が盛りこまれました。つまり「文章を正確に読み取り、かつ自分の意見を発信できる能力を持っているかどうか」ということで、これからの社会では必要な力でしょう。この能力は、とくに国際社会で活躍する人材に欠かせないものと位置づけられ、今後ますます重要視されていくと考えられています。

では、「批評的に読むこと」ができる子に育てるにはどうしたらいいのでしょうか？　小学校時代にできることは、「できるだけ意識的な読書を心がける」ということです。

そのためには、低学年のころから、主人公に感情移入しながら読むという読書の経験をたっぷりしておくこと。そして高学年になり、その基盤が整ったところで、さらに「自分ならこうするのに」と、少し批判的な視点を持って読ませていくことです。

この批判的な読み方のコツについては、第３章で説明した通りです。ぜひ、お子さんなりの「視点」を読書を通じて育ててあげてください。

人の心を感じられる力を育てる

私が、読書を強く勧める理由として、人の心を感じられる力を育てるということがあります。

たとえば、こんな経験はありませんか？　思ってもいない言葉なのに、思わず口をついて出てしまった。あるいは、肝心なときに一番大切な言葉が出てこなかったなど、いわば「自分の心を言葉が裏切ってしまった」という状況です。その後の人間関係がギクシャクしてしまうこともあるでしょうし、いらぬ誤解を招いてしまうこともあるでしょう。

そんなとき、「いけないことを言ってしまった」と自分なりに反省できるかどうか、実際に人間関係で失敗をしてしまっても「もう一度伝えてみよう」「とにかく謝ろう」などと思えるかどうかは、読書経験と深く関係しているように思います。

人の心を感じるのは、もちろん家族や友達との生活体験の中でこそでしょう。しかし、実体験ではどうしても限界があります。主人公の心の微妙な動きを描写している物語と比べると、そのバリエーションの豊かさでは本の世界にかなうはずもありません。自分や相手の心を感じ取る力は、読書を通じて、より豊かになるものなのです。

読解力をつける目的とは

この本を手に取ってくださった方の多くは、読解力をつけるにはどうしたらいいのか、具体的な方法を知りたいという人がほとんどでしょう。

お子さんに読解問題を解く力を何とかつけさせたい、というお気持ちはよくわかります。しかし、「試験でいい点がとれれば、それで満足」というのでは、お子さんの本当の幸せにはつながりません。

子どもがやがて大人になったときに、本当に必要なこと、価値あることとは「自分の心を知り、相手の心を知ること」です。もし、あなたがお子さんに「将来は社会で活躍する人になってほしい」「人の役に立つような立派な人間になってほしい」と願うなら、目の前の受験の結果や成績にとらわれることなく、心を育てることこそ大切にするべきです。

人間関係を築いていく中では、相手の気持ちに寄り添ったり、自分とは違う意見もあるのだということを認める、そういうことを知ることが人間として最も大切なことではないでしょうか。そして、それはいくら塾で勉強しても身につくものではないのです。

「心を育てる」ということは、どこか漠然としていてわかりにくく、学歴主義の社会では「無駄」なものにさえ見えるかもしれません。しかし、その「無駄」こそ子育てには必要なのではないでしょうか。ただひたすら前を向いて走り続けていては、周りの景色は見えません。一見無駄に思えることや寄り道が、子どもにとって貴重な経験になり、豊かな人間性を育てるために大切なことだと思います。

読書で「考える」基盤づくりを

先日、私のところへひとりの生徒が相談に来ました。その生徒は、ある大学を目指して勉強しています。

しかし、彼自身は、本当にその大学に入っていいのか、いったい自分はそこで何をしたいのか、何のために行くのかと悩んでいます。そんな悩みを聞いたとき、私は「悩んだままでいいんだよ」と答えました。

大学に入るときに、そこで何をしたいのか、ということを具体化できている生徒は少ないのではないでしょうか。悩みながらも進学し、入ってからも考え続けていけばいい。大いに悩んでほしいのです。

彼が悩んでいるのは、考える力がきちんと育っているから。その考える力を養うのに読書が基盤となっているのは言うまでもありません。

実際、この生徒は小学校時代から、それぞれの時期に読むべき本を読み、今でもその習慣は続いています。きちんと読めるから、自分の考えも複雑化し、悩むことができるのです。

むしろ問題なのは、何も考えずにひたすら勉強して合格してしまった子かもしれません。そういう子は学問はできても、人間としての価値観が育っているかどうかという心配があります。勉強も大切ですが、同時に、読書を通じて考える基盤づくりをしてほしいと思います。

子ども時代にこそ、たくさんの読書経験を！

本書では、さまざまな角度から読書のすばらしさ、読解力を高める必要性をお話ししてきました。そのしめくくりとして、私のかつての教え子たちの話を紹介します。

麻布学園を卒業し、今はそれぞれ社会に出て一線で活躍している彼らの多くは、仕事などで困ったことに出合うと本を読むというのです。

困難な局面に立たされたときに、現実社会から一歩引いて本の世界をくぐる……。それは決して、今はやりの「ハウツー物」的な実用書を読むのではありません。私がかつて授業で取り上げた作品を、読み返しているのだそうです。

在学中に取り上げた作品といえば、たとえば、大岡昇平《おおおかしょうへい》の『野火《のび》』や、カミュの『異邦人』など。

彼らにしてみれば、中学・高校時代には強制的に読まされていた作品です。しかし、大人になって読み返すと「よく、こんな難しい本を読めたものだな」と、過去の自分に対して妙に感心したり、「昔はどう読んでいたかわからないけれど、今はそれなりに理解できるようになった」といった感想を持っているようです。大人になってから読み返すことで、学生時代の自分に戻ったり、自分の成長ぶりを確認することで、あらためて今、自分が直面している困難に立ち向かう「力」に変えているのだろうと思いました。

子ども時代の読書経験は、その後の人生の土台となります。ぜひ、読書というすばらしい経験を積み重ねていってほしいと願います。

第7章

おすすめブックリスト

小学生のうちに
ぜひ読んでおきたい
170冊

それぞれの本のあらすじと、私の感想を入れました。

低・中学年向けでは、絵や文章の美しさに触れ、感性をみがくことができる75冊を紹介します。

高学年向けでは、より読解力をつけることを重視し、少し背伸びした本まで95冊を紹介します。

構成上、年齢別に分けてありますが、学年を気にせずに、興味のある本から手に取ってみてください。

＊複数の会社から出版されている作品がありますが、子ども向けに編集されたもの、比較的安価で入手できるものを基準に選びました。

＊価格はすべて税込み、2009年5月現在のものです。

〔低・中学年向けの本〕

001『100万回生きたねこ』

佐野洋子・著、絵（講談社）￥1,470

100万回も死んで、100万回も生きたねこがいました。あるとき、ねこはのらねこになり、一匹の白く美しいねこのことが大好きになり、家族を持ち……。

●100万回目にして初めて飼いねこではなくのらねことして生き、心から愛する相手を見つけ、満足して死んでいくというラストシーンが感動的。美しい絵を親子で楽しんでください。

002『ぼく　おかあさんのこと…』

酒井駒子・著（文溪堂）￥1,575

ぼく、おかあさんのことキライ！　男の子とママの関係ってちょっと特別。本当は結婚したいぐらいママが好きなんです。

●ウサギの男の子は、お母さんの身勝手なふるまいがキライです。このウサギの気持ちに、子どもは深く共感するでしょう。そして、それと同時にお母さんは自分のことを大切に思っていることにも、また気づくことでしょう。

003『だるまちゃんとかみなりちゃん』

加古里子・著・絵（福音館書店）￥840

だるまちゃんは、かみなりちゃんと仲良くなり、雲の上にあるかみなりの国に遊びにいきます。かみなりの国をめぐる二人は、とても楽しそうです。

●大人気のだるまちゃんシリーズの1冊。かみなりちゃんが落ちてくるところや、かみなりの国をめぐるシーン、かみなりちゃんの家族の温かさが印象的。

004『いたずらきかんしゃちゅうちゅう』
バージニア・リー・バートン・著・絵　村岡花子・訳（福音館書店）¥1,260

ちゅうちゅうは小さな機関車です。毎日重い客車を引くのがいやになったちゅうちゅうは、もっと早く走りたくてある日勝手に逃げ出します。町をぬけて田舎へと走っていき、とうとう古い線路に迷い込んでしまうのですが……。

●とても勢いのある絵が魅力的。見知らぬ場所に迷いこんだ心細さや、勢いよく走る快さなど、子どもが自然に共感できる内容です。

005『よるのようちえん』
谷川俊太郎・著　中辻悦子・絵（福音館書店）¥1,365

誰もいない幼稚園はどうなっているのかな？　そっとさんはきょろきょろりん、すっとさんはすっとんとん。いろんなおばけがいっぱいやって来るのです。

●不思議な登場人物が、奇妙な音をたてながら現れます。小学生ならかつて通った幼稚園の夜がどんなものなのか、具体的にイメージできるはず。想像がふくらみ楽しんで読めるでしょう。

006『あおくんときいろちゃん』
レオ・レオーニ・著　藤田圭雄・訳（至光社）¥1,260

あおくんのいちばんの仲良しはきいろちゃん。ある日お留守番をたのまれたあおくんですが、きいろちゃんと遊びたくて家を出てしまいます。すると……。

●色が重なるとどうなるかなど、色の原理をさりげなく教えてくれる絵本。色遊びを家族や友だちになぞらえて描いているので、楽しく読めるでしょう。

007『かぞえうたのほん』
岸田衿子・著　スズキコージ・絵（福音館書店）¥1,155

「へんなひとかぞえうた」「いーいーいーかぞえうた」など、6つの楽しいかぞえうたが入った、わらべうた絵本。語呂のよさはもちろん、絵も印象的。

●口ずさんでいるだけで楽しくなってしまう本。読書が苦手というお子さんには、このような言葉遊びの絵本から、読書の楽しさに導いてあげても。

008『すてきな三にんぐみ』
トミー・アンゲラー・著　今江祥智・訳（偕成社）¥1,260

黒いマントの怖い三人組の大盗賊たち。集めた宝をどうするのでしょうか？みなしごのティファニーちゃんとの出会いから、物語は意外な展開に。

●三人組があやしげに描かれている絵が、とても印象的な絵本です。三人の盗賊たちは、子どもたちのために何かしなければと気づきます。目的を持つことの素晴らしさを感じてほしいですね。

009『みてるよみてる』
マンロー・リーフ・著　渡辺茂男・訳（ブッキング）¥1,300

うそつきっ子、なまけもの、なきべそ、よごれおばけ……どこにでもいる困ったさん。日常生活の中の子どもたちの姿を描いたユニークな絵本。

●子どものわがままな欲望を痛烈に批判してはいるのですが、どこか優しさも感じられます。子どもも自分のこととは思わず楽しく読めるはず。「読書は楽しく」が基本ですから、教訓的な読み方はさせないでくださいね。

010『こんにちは　あかぎつね』
エリック・カール・著・絵　佐野洋子・訳（偕成社）¥1,470

かえるのぼうやの誕生日に、お祝いにやってきた緑のきつね。ところが「こんにちは　あかぎつね」とぼうやはあいさつをします。次々やってくる動物たちも……。色の不思議な世界を感じられる絵本です。

●ゲーテの「色彩論」を素材にした絵本。左右のページを見比べることで色の対比、補色の関係が自然と理解できます。絵を描くときの色づかいの参考にも。

011『ふらいぱんじいさん』
神沢利子・著　堀内誠一・絵（あかね書房）¥945

ふらいぱんじいさんは、まっくろおなべのおじいさん。たまごを焼く仕事をさせてもらえなくなり旅に出ます。次々と動物に出会いながら行き着くのは……。

●絵にインパクトがある作品です。一つ一つのエピソードもユニークでひきつけられます。引退したフライパンが最後に行き着くところも面白い。

012『おにいちゃんがいてよかった』

細谷亮太・著　永井泰子・絵（岩崎書店）￥1,365

著者は小児科医の細谷亮太氏。おにいちゃんを病気で亡くした女の子が、おにいちゃんの誕生日のお祝いをすることで、いっしょに過ごした時間を思い出していきます。きょうだいを亡くした子どもの心を温かく描いた絵本。

●お兄ちゃんが亡くなった後、両親が残された妹にきちんと向き合い、ねぎらう場面が印象的。きょうだいのいない子でも共感できる作品。

013『だいじょうぶだよ、ゾウさん』

ローレンス・ブルギニョン・著　ヴァレリー・ダール・絵　柳田邦男・訳（文溪堂）￥1,575

幼いねずみと年老いたゾウが、大きな木の下で仲よく暮らしていました。しかし、いよいよ死期が近いと悟ったゾウ。ネズミはそれを受け入れられません。

●ゾウがだんだん弱ってくるところと、ネズミがそれを受け入れていく場面に、きっと誰もが心動かされることでしょう。ゾウが死んでからの、その後のネズミの生き方に、自分の気持ちを重ねて読んでいけるといいですね。

014『すきまのじかん』

アンネ・エルボー・著　木本栄・訳（ひくまの出版）￥1,680

たいようの時間とやみの時間の夕暮れ時にやってくる「すきまの時間」。あるとき、美しい夜明けのお姫さまがいることを知り、旅に出ます。すると……。

●見逃しがちな移り変わりの時間、何かの間という「すきま」の存在。そこに気づくことで、ものの見方やとらえ方が変わり、より深く感じられる心が育つでしょう。

015『ちいさいおうち』

バージニア・リー・バートン・著・絵　石井桃子・訳（岩波書店）￥672

静かな田舎にちいさいおうちがありました。開発が進みにぎやかな町になっても、そこに建つちいさいおうちの、田舎を懐かしむ気持ちが伝わる絵本です。

●ちいさいおうちの周りの風景が、どんどん変わっていく様子から、不安やアンバランスを感じることでしょう。読み進むうちに、おうちに感情移入しているはず。

016『よわいかみ　つよいかたち』

かこさとし・著・絵（童心社）￥1,365

はがきも、切ったり、折ったりして工夫して構造を変えることで強い紙になります。力学の原理や楽しさを教えてくれる本です。

●一枚の紙を切って折るだけなので、親子で楽しめます。実際の建築物（橋など）の構造とも関連づけてあるので、興味も広がることでしょう。

017『なつのいちにち』

はたこうしろう・著（偕成社）￥1,050

暑い夏の日。強い陽射し、果てしなく続く水田、クワガタのいる山、セミの声、夕立……。なつかしい夏の風景が、絵本の中からあふれだします。

●田舎の夏の１日というイメージ。ぎらぎらと照りつける夏の陽射しの中で、あざやかに浮かび上がる自然の色合いが、見事に描かれています。夏の過ごし方の案内書としてもお勧めです。

018『あなたがうまれたひ』

デブラ・フレイジャー・著　井上荒野・訳（福音館書店）￥1,365

あなたが生まれるのを待っていたのは家族だけではありません。太陽も月も地球もみんなあなたの誕生を喜んでいるのです。ペアレンツ・チョイス賞受賞作。

●自分の誕生は、人間だけでなく動物や植物などさまざまなものに祝福されている……。物語を通じ、自分の存在の意義に気づくことができます。

019『わすれられないおくりもの』

スーザン・バーレイ・著　小川仁央・訳（評論社）￥1,260

みんなから頼りにされ慕われていたアナグマが、手紙を残して死んでしまいました。残された仲間たちは悲しみでいっぱいになり、どうしていいかわからなくなったのですが……。

●アナグマは死んでも、彼が伝えた言葉は仲間の心や手紙の中に生きている……。その人が生きた証しは、確実に残ることに気づくことでしょう。

020『ほろづき　月になった大きいおばあちゃん』
沢田としき・著（岩崎書店）￥1,365

みんなが田舎から帰るとき、大きいおばあちゃんは「またおいで」といつも見送ってくれました。そして亡くなった後も、月からみんなを見守るのです。

●人は亡くなった後も心の中で生き続けるんだと、感じることができます。残された人たちを見守ってくれるおばあちゃんの温かさが伝わってきます。

021『雨、あめ』
ピーター・スピアー・著（評論社）￥1,470

お姉ちゃんと弟は、降り出した雨の中、レインコートを着て長靴をはき、かさをさして出かけます。水たまりで遊んだり、雨水の流れを見たり……。雨をたっぷり楽しむ子どもたちを描いた、ことばのない絵本です。

●読み手によってストーリーがつけられるのが魅力。絵のすみずみまで見ると、いろいろな発見も。親子で会話を楽しみながら読むのもお勧めです。

022『ほね』
堀内誠一・著（福音館書店）￥880

魚には骨があるけどタコにはない。では人間に骨がなかったら？　この絵本では、骨のしくみや働きについて、イラストでわかりやすく説明してくれています。

●体の構造についてだけでなく、建築物の骨組みの構造などとも関連づけた内容になっています。精読しなくても、部分的に気に入ったところだけを読んでも楽しめます。

023『はじめてのキャンプ』
林明子・著・絵（福音館書店）￥1,260

小さな女の子が大きな子どもたちにまじって、はじめてキャンプの一晩を過ごします。不安、怖れ、勇気など小さい女の子の気持ちが描かれた絵本です。

●女の子が初めてひとりでキャンプを経験する不安な気持ちが、凝縮されている物語。かつての自分を振り返りながら読むことで、自分の成長を実感するいい機会にもなるでしょう。

024『よあけ』

ユリ・シュルヴィッツ・著・絵　瀬田貞二・訳（福音館書店）￥1,260

夜明け前の静まりかえった湖のほとり。やがてさざ波が立ち、動物たちが目を覚まし、少しずつ時間が動きだします。幻想的で美しい絵本。

●大人も感動できる作品。書かれている言葉は少ないのですが、夜明けのシーンの光の移り変わり、その幽玄な世界が丁寧に、かつ見事に描かれています。情景の美しさや深さを感じてもらえればと思います。

025『うたのてんらんかい』

工藤直子・著　長新太・絵（理論社）￥1,260

小さな命から大きな宇宙まで、生きる喜びがしみじみ伝わってくる詩の絵本。四季の情景がリズミカルな言葉でつづられ、読んでも聞いていても楽しい作品。

●工藤さんの言葉の選び方や音の並びの美しさに、ぜひ触れてください。やさしい言葉が使われ、子どもにもその世界がストレートに伝わります。絵と言葉のハーモニーも素晴らしい。

026『いのちのまつり「ヌチヌグスージ」』

草場一壽・著　平安座資尚・絵（サンマーク出版）￥1,575

「いのちをくれた人をご先祖さまと言うんだよ」「ぼくのご先祖さまって何人いるの？」コウちゃんは数えてみることにしました。

●自分には数えきれないほどの先祖がいることに気づき、誰が欠けても自分は存在しないことを知ることができます。命のつながりの面白さを感じられる作品。

027『バスにのって』

荒井良二・著（偕成社）￥1,365

広い砂漠のまん中にあるバス停で、旅人がバスを待っています。ところがなかなかバスは来ません。そして、思いがけない出来事が、次々と起こるのです。

●奇想天外なストーリーが圧巻。ページをめくるたびに、次々と意外な事件が起こります。バスを待つ旅人の気持ちになり、ページをめくる楽しさ、本を読む楽しさを実感できる一冊。心に残るラストシーンは必読です。

028『てん』

ピーター・レイノルズ・著　谷川俊太郎・訳（あすなろ書房）￥1,365

お絵かきが大嫌いなワシテが、苦しまぎれに描いた小さな「てん」。その絵が展覧会にかざられ、やがてワシテの気持ちは変わりはじめるのでした。

●主人公がいやいや描いた「てん」の絵。芸術の世界では、どんなものでも意味を持つことがあります。物語を通じて「自分のやったことに無駄なことはない」と知ることができるでしょう。

029『おじいちゃんがおばけになったわけ』

キム・フォップス・オーカソン・著　菱木晃子・訳（あすなろ書房）￥1,365

大好きなおじいちゃんが死んじゃった。でも、天使にならずにおばけになって僕のところに戻ってきた。いったいなぜなんだろう？　デンマークの傑作絵本。

●亡くなったおじいちゃんがおばけとして現れ、孫と二人、思い出を語り合います。亡くなった人を思い出すことの大切さを感じてもらえる物語。

030『いやいやえん』

中川李枝子・著　大村百合子・絵（福音館書店）￥1,365

元気でいたずらっ子の保育園児しげるが主人公。何でも「いやだいやだ」と言っているしげるは、ちょっと変わった保育園「いやいやえん」に連れてこられますが……。

●何をしても怒られないいやいやえんは、ユートピアともいえる場所。子どもが共感しやすい物語の設定だから、楽しんで読めます。

031『かいじゅうたちのいるところ』

モーリス・センダック・著　神宮輝夫・訳（冨山房）￥1,470

マックスの寝室は、いつの間にか森や野原に変わってしまいました。そしてたどりついたのは、かいじゅうたちのいるところ。冒険心をくすぐる作品です。

●かいじゅうの国へ行き、わがままの限りを尽くす主人公ですが、やがて寂しくなり、家が恋しくなってしまうのです。そんな主人公の気持ちの変化は子どもの共感を呼ぶのではないでしょうか。

032『クマの名前は日曜日』

アクセル・ハッケ・著　丘沢静也・訳（岩波書店）￥1,575

クマのぬいぐるみの名前は「日曜日」。ぼくは大好きなのに、「日曜日」は何もしゃべってくれない。ぼくのことをどう思っているのだろう……？

●クマについていろいろ考えることで、主人公が自分の内面をも語れるようになります。心の成長や進化に注目して読んでください。

033『だいじょうぶ だいじょうぶ』

いとうひろし・著・絵（講談社）￥1,050

小さなぼくが不安な気持ちになると、おじいちゃんはそのたびにぼくの手を握り「だいじょうぶ　だいじょうぶ」と、おまじないのようなことばで助けてくれる。

●おじいちゃんは、いつも「だいじょうぶ」ということばとともに、なぜだいじょうぶなのかを、しっかり説明してくれます。不安を取りのぞき、「ぼく」の安心を保証してくれたおじいちゃん。感動のラストシーンは泣けます！

034『ジュマンジ』

クリス・ヴァン・オールズバーグ・著　辺見まさなお・訳（ほるぷ出版）￥1,680

ピーターとジュディは木の下に置いてあったゲーム「ジュマンジ」をやってみることにする。すると、動物たちが目の前に現れ、家の中がジャングルに……。

●ゲームの世界が自分たちの生活に入ってきます。読んでいるとワクワクしたりドキドキしたり。退屈に思える実生活の中でも、ワクワクした気持ちはいくらでも持てると思わせてくれることでしょう。

035『おこだでませんように』

くすのきしげのり・著　石井聖岳・絵（小学館）￥1,575

妹を泣かせて怒られて、友達に手を出して怒られて……。お母さんや先生にいつも怒られてばかりいる男の子の心の中を描いた絵本。

●子どもには言葉にならないもどかしさ、悔しさがあり、この絵本はそれを代弁しています。子ども自身が「あのもどかしさはこういうことだったのか」と、気づくことができるのではないでしょうか。

036『ももいろのきりん』

中川李枝子・著　中川宗弥・絵（福音館書店）￥1,365

るるこはお母さんにもらった桃色の紙でキリンを作りました。キリンのキリカが動きだし、るるこを乗せてクレヨン山へ出発します。

●ストーリーの楽しさはもちろん、色づかいの美しさ、絵のすばらしさが印象に残る絵本。やわらかさの中にもはっきりしたトーンがきわだつ絵は幻想的。

037『花さき山』

斎藤隆介・著　滝平二郎・絵（岩崎書店）￥1,260

山菜を採りにいき、山の中に迷い込んでしまったあやに、山姥が、「優しいことをすると美しい花が咲く」と語りかけます。切なさが心に響きます。

●自分のやりたいこと、食べたいものを、きょうだいのために我慢する少女の思いが、美しい花を咲かせます。ゆっくり読んで、子どもにいろいろ考えさせてあげるといいですね。

038『ききみみずきん』

木下順二・著　初山滋・絵（岩波書店）￥672

代々語り伝えられてきた日本民話。かぶると動物たちの声が聞こえるききみみずきん。働き者の若者と娘を主人公にした作品が、美しい絵本になっています。

●絶対に触れておいてほしい日本の昔話のひとつです。まじめであることがいかに大切かということを正面から教えてくれる物語。

039『ないたあかおに』

浜田廣介・著　池田龍雄・絵（偕成社）￥1,050

人間と仲よくなりたいという赤おにの願いをかなえるために、青おにが助けてくれたのですが……。おに同士の友情に心打たれる名作。

●友人のために、青おにが永遠に姿を消すというラストシーンが、とても切なく印象的です。青おにが友人を思うところでは、その献身的な心を感じてほしいですね。

040 『モチモチの木』

斎藤隆介・著　滝平二郎・絵（岩崎書店）¥1,470

豆太は、夜中にひとりでおしっこにもいけない甘えん坊の弱虫。でも、大好きなじさまのために、夜中にお医者さまを呼びに走り出します。本当の勇気とは何なのか？　切り絵が美しい名作絵本。

●モチモチの木が豆太の勇気ある行動をしっかりと見ています。そんなところから、自然と子どもの間にある交流も見えてきます。

041 『ごんぎつね』

新美南吉・著　黒井健・絵（偕成社）¥1,470

兵十が病気の母親のためにとったウナギを、いたずら心からつい取ってしまったキツネのごんは……。

●きつねと人間の交流の難しさ、ごんの心の優しさ、その優しさが報われない切なさを感じられる物語です。感動的なラストシーンでは、思わず涙してしまう人も多いのではないでしょうか。

042 『ね、おはなしよんで』

与田準一・川崎大治・乾孝・編（童心社）¥2,100

懐かしい物語や詩が、11のテーマ別に紹介されています。子どもたちに読んで聞かせるのにぴったり。1962年初版の新装版。

●いろいろな作品が収録されていますが、どの作品も読み終わったときに、なぜか心が穏やかになります。子どもの優しい心を育む作品集です。

043 『まど・みちお全詩集』

まど・みちお・著　伊東英治・編（理論社）¥5,775

まど・みちおの全詩作品を収録。わかりやすいことばで書かれた、心にしみるあたたかな、まど・みちおの詩の世界。この1冊で、その世界をまるごと楽しめます。

●まど・みちおさんの詩は、普段忘れているようなことを思い出させてくれます。お母さんが選んだ詩を読んで聞かせるのに最適。

044 声で読む日本の詩歌166『おーいぽぽんた』
茨木のり子・大岡信・川崎洋・谷川俊太郎・岸田衿子・柚木沙弥郎・編（福音館書店）￥2,520
日本の詩、俳句、短歌が、新旧あわせて166篇収録されています。どれも、楽しく口ずさめるものばかり。詩の世界が満喫できる一冊。
●中学年ころまでにぜひ読んでおいてほしい詩のアンソロジー。言葉にもいろいろな使い方があることを示しているところが素晴らしい。言葉にはこんなにも奥行きがあるということを教えてくれます。

045『ゆめくい小人』
ミヒャエル・エンデ・著　佐藤真理子・訳（偕成社）￥1,365
怖い夢をみるようになり、眠るのが怖くなってしまった姫。心配した王様はいい方法を探しに旅に出ます。そして、夢を食べるという小人に出会い……。
●ミヒャエル・エンデの作品の中でも、低学年向けのファンタジー作品として必読の書。悪夢を食べてくれる小人たちの存在は、「怖い夢を見ても大丈夫なんだ」と子どもたちに勇気を持たせてくれることでしょう。

046『おしいれのぼうけん』
古田足日・著　田畑精一・絵（童心社）￥1,365
ミニカーのとりっこでけんかした、さとしとあきらは、おしいれに入れられて…。二人はおしいれの怖さに負けずミニカーを握りしめ、旅に出ます。
●不思議な世界が、突然、日常生活に現れる物語を書く作家としては随一！その設定の面白さや、子どもたちの心の成長を思う存分感じられる作品。

047『父さんギツネ　バンザイ』
ロアルド・ダール・著　田村隆一、米沢万里子・訳（評論社）￥1,365
子ギツネたちと母さんギツネのために、食料を手に入れたいキツネの父さん。農場から作物を取られまいとする、三人の農夫との知恵くらべは・・・
●キツネの家族が、協力し合っているところが、あたたかくほほえましい。悪いはずのキツネを思わず応援したくなるのではないでしょうか。

048『またたびトラベル』

茂市久美子・著　黒井健・絵（学習研究社）¥1,260

迷路のような細い路地のつきあたりにある「またたびトラベル」。このちょっと変わった旅行会社は、心に一生残る旅を演出してくれるのです。

●路地の奥に、何かが潜んでいるなどと、普通は思わないもの。あらためて、街の中の何げない空間にも実は面白いものがあるかもしれないと、ワクワクするかもしれません。

049『ちいさいモモちゃん』

松谷みよ子・著（講談社青い鳥文庫）¥609

元気でおしゃまなモモちゃんの、楽しい日常生活。誕生から3歳までのモモちゃんの成長を描きます。「モモちゃんとアカネちゃんの本」シリーズの第1巻。

●子どもはこの作品を通じ、これまでの自分の成長の過程をあらためてなぞることでしょう。自分の「生の根っこ」が少し太くなるのではないでしょうか。

050『月の輪グマ』

椋鳩十・著（小峰書店）¥1,155

子グマを助けようと、高い岩から滝つぼ目がけて飛びこむ母グマ！　母グマの愛情の深さを描いた物語。他、椋鳩十の3作品も収録されています。

●自分と動物を重ねて読むことができます。椋鳩十さんの作品はどれも感動的で、内容もバラエティに富んでいますので、機会があったら他の作品もぜひ！

051『ふしぎの国のアリス』

ルイス・キャロル・著　さくまゆみこ・訳（小学館）¥1,680

うさぎの穴に落ちて、ふしぎの国に入りこんだアリス。チェシャ猫、帽子屋などと出会い、奇妙な冒険をします。イギリス童話文学の古典。

●にやにや笑いのチェシャ猫など、一見奇妙な言葉の面白さが楽しめる本です。

052『赤いろうそくと人魚』

小川未明・著　たかしたかこ・絵（偕成社）￥1,680

「人間は人情があってやさしいと聞いている」と、人魚の母は生まれたばかりの娘を、ろうそく屋の老夫婦に預けます。赤ん坊は美しい娘に成長し……。

●暗い海の底ではなく、人間に娘を預けたいという人魚の母親。子どもによりよい生活をと願う、親の切なさが感じられます。ものごとが思い通りにならない、人の世の厳しさが描かれた名作。

053『キュリー夫人』

伊東信・文（ポプラ社）￥924

夫とともに研究にはげみ、ラジウムを発見したキュリー夫人。「科学は人間のためにあるべきです」と訴え続け、世界中から尊敬された女性科学者の生涯を描いた伝記物語。

●クライマックスは、ラジウムを発見したくだり。身を挺して研究に没頭する姿に、心を打たれます。

054『野口英世』

浜野卓也・文（ポプラ社）￥924

貧しい生活や手の怪我にも負けず、努力し続けた野口英世。病気の原因となる細菌を相手に研究を続け、アメリカに渡ってからは世界的な発見をする。

●幼いときにやけどを負った手の手術のシーンはとても強烈な印象。最後に研究対象の黄熱病で亡くなる日本を代表する医学者の生きざまには、ぜひ触れておいてほしいと思います。

055『フランダースの犬』

ウィーダ・著　松村達雄・訳（講談社青い鳥文庫）￥609

幼い少年ネロと老犬パトラッシュの、深い友情を描いた感動の名作。貧しいネロは見ることのできないルーベンスの絵に心をかき立てられられるが……。

●ネロとお金持ちの娘アロアの間に大人の論理が介入し、金持ちが貧乏人をいじめるという構図が浮かび上がります。ラストシーンは悲しくも美しく高貴なものとなっています。

056『赤毛のアン』

ルーシー・モード・モンゴメリ・著　村岡花子・訳（講談社青い鳥文庫）￥693

アンは、グリン・ゲイブルズの老兄妹に引き取られた、赤毛の孤児の女の子。美しいプリンス・エドワード島の自然の中で次々と愉快な事件を引き起こしながら、少女から乙女へと成長します。

●ユニークで明るく元気なアンに、勇気をもらえる作品。何があっても自分なりに頑張り、切り抜けていくところに面白さを感じるのではないでしょうか。

057『オオカミ王ロボ』

アーネスト・トムソン・シートン・著　前川康男・文（フレーベル館　はじめてであうシートン動物記『オオカミ王ロボ・あぶく坊主』所収）￥1,050

強く賢いオオカミの王ロボ。家来を従え、たくさんの牛を殺したロボと、牛を守る人間との熾烈な戦いを描く。

●なかなか人間の罠にはまらない賢いオオカミ王ロボ。それは憎々しいほどの賢さですが、最後には捕まってしまいます。何も食べずに死んでいくロボの姿に心打たれます。動物好きのお子さんにはとくに勧めたい一冊。

058『ユタとふしぎな仲間たち』

三浦哲郎・著（講談社青い鳥文庫）￥651

満月の夜、噂の妖怪「座敷わらし」とついに出会ったユタ。座敷わらしと友達になったユタの時空を超える不思議な出来事。ひとりぼっちだったユタが、勇気ある少年へと成長する。

●疎開先で学校になじめない主人公に、座敷わらしたちが協力して仲間作りを助けてくれます。自分の日常と重なる部分もあるのではないでしょうか。

059『銀河鉄道の夜』

宮沢賢治・著（岩波少年文庫）￥714

少年ジョバンニが、親友カムパネルラに誘われて「銀河のお祭り」へ。偶然銀河鉄道に乗って美しく悲しい夜空の旅をすることになった、少年たちの行方は？　運命は？

●亡くなった人たちと生きながら向き合うジョバンニの切なさが心に響きます。美しい星空の中で繰り広げられる物語を味わってください。

060『星の王子さま』
サン・テグジュベリ・著　内藤濯・訳（岩波少年文庫）¥672

砂漠に飛行機で不時着した飛行士が出会った男の子。それは、小さな自分の星を出て、いくつもの星をめぐって地球にたどりついた、星の王子さまだった。

●星の王子さまのキャラクターがいい。彼が語る言葉は心の奥底に響いてきます。その表現は、子どもたちに新鮮な驚きを感じさせるのではないでしょうか。

061『ガリバー旅行記』
ジョナサン・スウィフト・著　加藤光也・訳（講談社青い鳥文庫）¥704

世界の海を旅するガリバーが「小人国」や「大人国」などをめぐる。誰もが一度は持つ「もっと大きくなりたい」「小鳥みたいに小さくなれたら」という夢をかなえてくれる、冒険の物語。

●誰もが知っている児童文学の傑作。面白さはガリバーがめぐる国の設定につきるでしょう。「小人国」「大人国」だけでもぜひ読んでほしいと思います。

062『あしながおじさん』
ジーン・ウェブスター・著　坪井郁美・訳（福音館書店）¥1,785

逆境にめげず、常に前向きに生きるジュディーの快活なユーモア、純真な心が描かれ、長い間、多くの読者に愛されてきた名作。

●孤児のジュディーが、学校に行かせてくれている「あしながおじさん」に書いた手紙で構成されています。その手紙は、彼女の日常を丁寧に書き記し、読者の共感をさそいます。

063『ウミガメと少年　野坂昭如戦争童話集　沖縄編』
野坂昭如・著　黒田征太郎・絵（講談社）¥1,890

昭和20年4月、沖縄本島にアメリカ軍が上陸。激しい爆撃の中、卵を産むアオウミガメと、ひとりぼっちになった少年・哲夫の物語。

●激動の社会の中でも、自然は同じ営みをくり返しているという象徴としてウミガメが登場します。人は自然と共に生きていると再認識します。

064『「うそじゃないよ」と谷川くんはいった』
岩瀬成子・著　味戸ケイコ・絵（PHP研究所）￥1,121

るいは、クラスの誰とも口をきこうとしない女の子。ある日、谷川くんという転校生に「ぼくと話せよ」と言われたるいだが……。

●子どもの世界にもある人間関係の難しさ、心が通じ合わないもどかしさなどが描かれています。同じように悩みを持つ子どもたちに、強く訴えかける作品。

065 ぼくはめいたんてい１『きえた犬のえ』
M・W・シャーマット・著　M・シマント・絵　光吉夏弥・訳（大日本図書）￥1,260

名探偵ネートの人気シリーズ。なぜ、アニーが描いた犬の絵がなくなったのか？　巧妙なトリックと、ネートの謎解きが楽しい。

●子どもの目線に立って描かれているので、だれもが名探偵になれそうな気持ちになれます。断片的な事実をつなぎ合わせ、事件を解決する推理の楽しさを実感できるでしょう。

066『野菊の墓』
伊藤左千夫・著（講談社21世紀版少年少女日本文学館『ふるさと・野菊の墓』所収）￥1,470

政夫と民子は仲のよいいとこ同士で、互いの心には清純な恋が芽生えていた。しかし、民子が年上というだけで二人の思いはとげられず、引き離される。

●政夫への思いを抱きながら若くして亡くなってしまう民子。名作の王道のような作品です。自然の描写の美しいところも含め、名もない人の切ない一生に触れてほしいと思います。

067『白旗の少女』
比嘉富子・著（講談社青い鳥文庫）￥609

太平洋戦争末期の沖縄本島南部。この日本最大の激戦地で、兄弟たちとはぐれた７歳の少女は、たった１人で戦場をさまよう。奇跡的に生き残った少女の体験の記録。

●実在の少女の体験談です。自分をかくまってくれた老人のふんどしを白旗にして、アメリカ軍に投降するという、少女の数奇な運命。子どもの目から見た沖縄戦を知ることができます。

068『若草物語』

ルイザ・メイ・オルコット・著　中山知子・訳（講談社青い鳥文庫）¥651

4人の姉妹は、南北戦争のために出かけている父の留守を守る母とともに、失敗をくり返しながらも暮らしている。1年間の姉妹の成長を描いた名作。

●4人姉妹の関わりが圧巻。戦争中で家計は窮乏しているのですが、そんな中で姉妹がさまざまな思いを乗り越え、明るく生きる姿がすばらしい。

069『走れメロス』

太宰治・著（講談社青い鳥文庫）¥599

暴君を殺そうとして死刑を言い渡されたメロス。妹の結婚式に出るために、親友に身代わりになってもらい、3日以内に戻るという約束をして家へ向かう。結婚式を終え、戻ろうと走るメロスの前に、次々と困難が襲いかかり……。

●友情や弱い心の克服といった、道徳的な要素はもちろん大切なことですが、独善的だとするとらえ方をするのも面白い読み方です。

070『飛ぶ教室』

エーリヒ・ケストナー・著　池田香代子・訳（岩波少年文庫）¥714

生い立ちも性格も違う4人の少年たちには、それぞれ悩み、悲しみ、あこがれがあります。寄宿学校で繰り広げられる涙と笑いの物語。

●見守る先生の優しさ、厳しさを感じられる作品です。濃厚な人間関係が描かれていますが、十分に共感を持って読めるでしょう。

071『にんじん』

ルナール・著　南本史・訳（ポプラポケット文庫）¥599

にんじん色の髪の毛でそばかすだらけの少年。母親から「にんじん」と呼ばれ、つらい仕事はいつも彼のところへ……。成長期の少年の心を描いた名作。

●ひねくれものの主人公ですが、読者はそんな彼に共感を覚えるはず。いわゆる優等生ではないから親近感を覚える、アンチ・ヒーローのような存在ともいえるでしょう。

072『坊っちゃん』

夏目漱石・著（講談社青い鳥文庫）￥599

東京から中学の先生として四国にやって来た、純情でけんか早い坊っちゃん。ユニークな登場人物を相手にくりひろげる痛快な物語。

●坊っちゃんという人物を痛快と感じるか、自分勝手と感じるか。読み手が自分がどういう人間かを見極める、リトマス試験紙的な作品として読んでみてもよいのではないでしょうか。

073『二十四の瞳』

壺井栄・著（講談社青い鳥文庫）￥693

昭和３年春、みさきの分教場にやってきた若い女の先生が受け持った、１年生12人の瞳は希望と不安で輝いていました。瀬戸内海の小さな島の、先生と教え子たちの心温まる交流を描いています。

●戦況的に暗くなっていく時代の中で、生き生きと輝き、教師と生徒、子ども同士の関係が、みずみずしく感じられる名作です。

074『ドリトル先生航海記』

ヒュー・ロフティング・著　井伏鱒二・訳（岩波少年文庫）￥798

靴店の息子のトミー少年は、大博物学者ロング・アローを探しに、ドリトル先生と冒険の航海に出ます。行き先はクモサル島。ロング・アローを救い出し、先生は王様になって……。

●クモサル島でのいろいろな出来事が、面白く描かれています。中でもドリトル先生が王様となって活躍しながらも、帰国するあたりは共感できるはず。

075『秘密の花園』

フランシス・H・バーネット・著　猪熊葉子・訳（福音館文庫）￥893

両親を亡くし、おじさんに引き取られたメリー。その屋敷には誰も入ることのない秘密の花園が……。やがて少年たちとメリーは花園の手入れを始めます。

●誰も入りこんだことのない庭に、子どもたちだけで入りこむ。そして、いろいろな体験をしていくという設定は、子どもをワクワクさせるはず。長編ですが、きっと楽しんで読めるでしょう。

〔高学年向けの本〕

001『最後のひと葉』

オー・ヘンリー・著　金原瑞人・訳（岩波少年文庫）¥672

肺炎で寝こんだジョアンナは、生きる気力を失っていました。窓の外のつたの葉が落ちると同時に、自分も死ぬと信じこんでいますが……。

●死ぬと思いこんでいる人に生きる希望を与えようとする気遣いの心の美しさ、すばらしさを、この作品を通じて感じ取ってもらいたいですね。

002『ああ無情』

ビクトル・ユーゴー・著　塚原亮一・訳（講談社青い鳥文庫）¥704

ジャン・バルジャンは、たった1つのパンを盗んだ罪で、19年間も牢獄にいました。その後、ミリエル司教の大きな愛に救われ、さまざまなできごとと戦っていくのでした。

●罪を犯してしまったら、逃れられません。しかし、罪は消えなくても主人公のよさは消えないことに気づけるはず。

003『からだことば　日本語から読み解く身体』

立川昭二・著（早川書房）¥693

たとえば「怒る」ときの言い回しには、「腹が立つ」、「頭に来る」などがあります。日本人の身体観に通じる、「からだ」に関わることばを用いた言い回しを集めました。

●からだに関わる日本語の表現を通して、ことばの変遷と、考え方がわかり、日本語の語感も深められるという本。気になることばから読んでみてください。

004『エリカ　奇跡のいのち』

ルース・バンダー・ジー・著　柳田邦男・訳（講談社）¥1,575

第二次世界大戦中のドイツ。収容所に向かう貨物車から、母は赤ん坊を「生」に向かって投げたのでした。奇跡的にその後も生きのびた、ひとりの女性の物語。

●物語の偶然さも興味深いのですが、かつて血塗られた歴史もあったということ、人間のむごさと与えられた生の尊さを知る上でも、大変すぐれた物語です。

005『クローディアの秘密』

E・L・カニグズバーグ・著　松永ふみ子・訳（岩波少年文庫）¥714

退屈な毎日に飽き飽きしていた少女クローディアは、弟をさそって家出をします。二人が目指したのは、ニューヨークのメトロポリタン美術館でした。

●読みはじめたら誰もが引きつけられる作品。子どもらしい心情の交錯、旅の面白さ、美術館の中を探検する楽しさなどが描かれています。

006『霧のむこうのふしぎな町』

柏葉幸子・著　杉田比呂美・絵（講談社青い鳥文庫）¥609

夏休み、6年生の少女リナはひとりで旅に出ます。霧の谷の森を抜け、どこか風変わりなふしぎな町にやってきました。そこで、リナとへんてこりんな人々との交流がはじまります。

●自分が1人で旅に出てこんなことがあったらいいなという、楽しさや怖さを味わせてくれます。主人公に感情移入して想像の世界を楽しめるという、読書の醍醐味を感じられる一冊。

007『子どもたちに自由を！』

トニ・モリソン、スレイド・モリソン・著　長田弘・訳（みすず書房）¥1,890

3人の子どもたちは、自由が大好き。もっと自由に生きたい！　果たして、3人は自由を手に入れられるのでしょうか？

●主人公たちは自由を求めていますが、自由の真の意味を理解しているわけではありません。自由とは何かということを、考えさせてくれる作品。

008 『生物の消えた島』

田川日出夫・著　松岡達英・絵（福音館書店）¥1,365

クラカタウ島は、100年前の大噴火によって生物が死に絶えてしまいました。しかし、時を経て、その島に生物が移住してきます。いったいどこから……？

●まるで植物図鑑のように美しく細密に描かれた絵がすばらしい。自然の生態系のようすをわかりやすく見せてくれます。「自然を見る目」を培っていける本。

009 『急行「北極号」』

クリス・ヴァン・オールズバーグ・著　村上春樹・訳（あすなろ書房）¥1,575

雪のクリスマスイブ。サンタを信じる僕の前に現れた急行「北極号」。汽車は北へと向かい、到着したのは北極点。子どもたちの、不思議な旅を描いた絵本。

●絵がすばらしく、とくに夜の描き方が美しく秀逸です。光のコントラストが物語の感情とリンクし、ものごとには光と影があるということを体感させてくれるのです。高学年になったら、ぜひ読んで欲しいと思います。

010 『コルチャック先生』

近藤康子・著（岩波ジュニア新書）¥819

自分だけにさしのべられた救いの手を拒絶し、教え子たちとともに強制収容所行きの貨車に乗り……。子どもへの深い愛のために自分の生と死を捧げた教育者の、壮絶な生涯を描いています。

●目を背けてはいけない人間の歴史に向かい合ってほしいと願い、この本を推薦しました。自分の命よりも大切なものもあることに気づく作品。

011 『チョコレート戦争』

大石真・著（理論社）¥1,260

町一番のケーキ屋さんのウインドウガラスが割れました。近くにいた明と光一が犯人にされてしまったことから、子どもたちは大人に戦いをいどみます。

●何よりもストーリーが面白く、子どもたちが出会う出来事がとても身近で読みやすい。また、子ども同士のさまざまな確執や連帯にも触れられ、友人との向き合い方も教えてくれます。

012 『宿題ひきうけ株式会社』

古田足日・著（理論社）￥1,260

小学生６人は、お金をもらう代わりに宿題をやってあげる「宿題引き受け株式会社」を作りました。会社は成功するのでしょうか。

●子どもなら誰もが「あったらいいな」と思いますよね。でも、読み進むにつれ、子どもなりに、勉強する本当の意味とは何かを考えさせてくれる作品です。

013 『風力鉄道に乗って』

斉藤洋・著　佐々木マキ・絵（理論社）￥1,223

塾に行く途中、新宿駅で変な電車に乗ってしまったぼく。なんと風力で動く鉄道だったのです。

●これから塾に行ったら何時になるだろう？　算数の問題をときながら乗っている少年に受験生の日常生活が重なります。共感できるお子さんも多いのでは？

014 『ぼくらのサイテーの夏』

笹生陽子・著（講談社青い鳥文庫）￥704

ぼくは６年生。小学校最後の夏休みなのに終業式の日、謎の同級生栗田に「階段落ち」のゲームで負けて怪我をした。おまけに罰としてプール掃除をさせられることに。

●有名中に入った兄の不登校、父の単身赴任などの家庭内の出来事を受け止め、兄を支える主人公の一生懸命さがいい。家族を見つめ直すきっかけになるのではないでしょうか。

015 『こがね谷の秘密』

木暮正夫・著（金の星社）￥588

トシユキは夏休みに北海道の牧場を訪れます。そこで起こったなぞの事件。手がかりはマンモスと砂金なのですが……。

●子ども版ミステリー小説。事件には社会的な背景も絡んでいます。子どもながら大人社会に一歩踏み込み、なぞときをしていく中で、新しい自分を発見していく物語です。

016 『ユウキ』

伊藤遊・著（福音館書店）￥1,365

ケイタの前に現れる転校生の名前は、いつも「ユウキ」。そして4人目のユウキは、長い髪の不思議な少女。数々の奇跡を起こしていき……。

●主人公の男の子は、いろいろな子と関わる中で成長していきます。他者との出会いが人間を成長させてくれることを、素直に感じる物語。

017 『ビルマの竪琴』

竹山道雄・著（偕成社文庫）￥735

ビルマ（現在のミャンマー）で終戦を迎えた日本軍小隊のひとりが、終戦を知らない日本の部隊に知らせに行き消息不明となります。やがて、彼はビルマの僧として仲間たちの前に現れます。

●読み手の気持ちを正すような静謐感にあふれた作品。宗教の奥深さや魅力をもかいま見ることができます。

018 『最後の授業』

アルフォンス・ドーデ・著　南本史・訳（ポプラポケット文庫）￥599

戦争でドイツに敗れたフランスはドイツ領へと変わり、学校ではドイツ語しか教えてはいけないことに。アメル先生は子どもたちの前で、フランス語による最後の授業を行います。

●子どもへの働きかけや彼らの反応、熱い思いがダイレクトに伝わってきます。教室の中の様子を見事に描いているところがすばらしい。

019 『クオレ』

エドモンド・デ・アミーチス・著　矢崎源九郎・訳（講談社少年少女世界文学館）￥1,995

19世紀の北イタリアに住む、小学4年生の少年が、1年間の学校生活について日記に書き、先生がそれについて話す形式でつづられます。

●少年が起こす失敗や過ち、それに対する先生の語りがわかりやすい言葉で書かれている作品。本書が日記をつける導入になるかもしれません。

020『最後の一句』

森鴎外・著（教育出版『最後の一句・山椒大夫ほか』所収）￥840

罪を犯してしまった父が、刑としては重すぎる死罪を宣告されます。長女は刑の執行日に、自分たち子どもの命と引き替えに父を助けてくれと、奉行所に願いを出しに行き……。

●大人にもできないような一計を案じるというところが、この小説の白眉。大人の心の隙間をついて真実をえぐり出してしまうところが興味深い。

021『杜子春』

芥川龍之介・著（講談社青い鳥文庫（『くもの糸・杜子春』所収）￥609

仙人の教えによって、二度も大金持ちになった杜子春ですが、やがて世の中にむなしさを感じ、仙人になろうとします。そこで杜子春が気づいたことは……。

●どこにでもいそうな若者が主人公なので、読者は感情移入しやすい。「一言も発してはいけない」という仙人との約束を守ろうと耐える杜子春の姿には、誰もがエールを送りたくなるのではないでしょうか。

022『トムは真夜中の庭で』

フィリパ・ピアス・著　高杉一郎・訳（岩波少年文庫）￥756

知り合いの家に預けられ、退屈していたトムは夜も眠れずにいました。そのとき、真夜中に古時計が13も時を打つのを聞きます。外に出ると昼間はなかったはずの庭園が広がっていて、そこでトムは不思議な少女と出会います。

●迷いこんだ先の庭園では、実は時間が過去にさかのぼっています。そこで出会った少女との交流や、驚きの結末など、さまざまなドラマが用意されている物語。

023『時の旅人』

アリソン・アトリー・著　松野正子・訳（岩波少年文庫）￥882

少女ペネロピーは、病気療養のため古い農場にやってきました。そして、ふとしたことから16世紀の荘園屋敷にタイムスリップします。そこで歴史上の大事件に巻きこまれ……。

●現代っ子である少女の目を通し、歴史の重みを感じさせてくれる物語です。タイムトラベルものの面白さが味わえます。

024『宝島』

R・L・スティーヴンスン・著　海保眞夫・訳（岩波少年文庫）¥798

ジム少年は海賊フリント船長が埋めた莫大な財宝を探すため、船にのって出発します。しかし、船のコックとして乗り込んでいた海賊が企んだ陰謀に巻きこまれ、激しい戦いが始まります。

●登場人物の善玉悪玉の書き分けが、はっきりしていてわかりやすい。地図を頼りに財宝を探すという設定は、子どもの心を引きつけます。

025『ニルスのふしぎな旅』

セルマ・ラーゲルレーフ・著　山室静・訳（講談社青い鳥文庫）¥704

動物をいじめ、誰にも好かれないニルスは、妖精に小人にされてしまいます。そして、ガチョウの背に乗り、スウェーデン中をまわる旅に出ます。

●ニルスが小人にされた後、それまでいじめていた家畜たちに襲われる場面と、最後に元の姿に戻る場面の対比がとくに面白い。

026『宇宙戦争』

ハーバート・ジョージ・ウェルズ・著　加藤まさし・訳（講談社青い鳥文庫）¥651

19世紀の末、イギリスの田舎町に隕石が落ちてきました。そこから現れたのは火星人。火星人は次々に街を破壊していきます。人々は宇宙人の侵略から逃れることができるのでしょうか？

●火星人のすさまじい襲撃の描写が圧巻です。地球がどうなるのか、という思いを持たずにはいられません。意外性に富んだ結末です。

027『クリスマス・キャロル』

ディケンズ・著　脇明子・訳（岩波少年文庫）¥672

クリスマス・イヴの夜、けちで気むずかしいスクルージの前に現れたのは、3人の幽霊でした。現在、過去、未来の自分の姿を見せられ、スクルージは少しずつ心を開いていきます。

●自分の現在や過去、未来を知らされることで、自身を振り返り、弱者に優しくなる主人公。ユーモラスなファンタジー小説。

028 『蜘蛛男』

江戸川乱歩・著（創元推理文庫）￥735

美術商の女性事務員募集の広告に応募した女性が、その日から消息を絶ちます。そして世間を震撼させる事件が続発。犯人の恐るべき目的とは？

●美女・お金そして殺人事件…これぞ推理小説の真髄といえる要素が盛りこまれた作品です。ぜひ読んでほしいと思います。

029 『黄金虫』

エドガー・アラン・ポー・著　佐々木直次郎・訳（新潮文庫『黒猫・黄金虫』所収）￥420

ある日、黄金色の珍しい甲虫を見つけた主人公。部屋にこもったまま食事も睡眠もとらなくなった彼は「キャプテン・キッドの財宝を見つけたんだ」と召し使いに告げます。

●怪奇小説で知られたポーの、異色の推理小説。暗号の意外な隠し場所や解き方など、推理の面白さを感じることができます。

030 『ふしぎな数のおはなし』

芳沢光雄・著（数研出版）￥1.554

整数、数の変化、図形、組み合わせの内容がテーマ別に、算数や数学の楽しさが味わえるような話題で構成されています。算数や数学の感覚が学べる1冊。

●自然に算数に興味を持てる構成になっていて、読み進むうちにその楽しさに気づかせてくれます。基礎的な理解さえあれば、算数の力をつけるきっかけを与えてくれる本だと思います。

031 『数の悪魔　算数・数学が楽しくなる12夜』

H・M・エンツェンスベルガー・著　丘沢静也・訳（晶文社）￥1.680

数学嫌いの少年の前に、数の悪魔が現れ、夢の中で数学の面白さや魅力を教えます。数学が苦手な人でも、無理なく読み進めることができます。

●絵によって、数学上のさまざまな難問を魅力的に解説しています。数学の世界の奥行き、面白さを伝えています。読むことで、発想力も深まっていくことでしょう。

032『青い鳥』

モーリス・メーテルリンク・著　末松氷海子・訳（岩波少年文庫）￥714

貧しいきこりの子、チルチルとミチルは、「幸せの青い鳥」を求めて思い出の国や、未来の国などさまざまな国を旅します。青い鳥は見つかるのでしょうか？

●登場人物の会話と、ト書きだけで物語が進行する戯曲は読みにくいものもありますが、これは読みやすく小学生にもお勧め。高学年になると学芸会などで劇を上演する機会もあるので、舞台の光景をイメージしやすいはずです。

033『高橋尚子　夢に乗って走る』

増島みどり・著（講談社火の鳥人物文庫）￥756

走ることが大好きなQちゃん。オリンピックなんて考えたこともなかった彼女は、どのようにして五輪金メダリストとなったのでしょうか。

●ようやくつかんだオリンピックの栄光から、その後の挫折まで描かれています。スター選手でも、その人生は栄光だけではないことに気づかされます。

034『イチロー262のメッセージ』

夢をつかむイチロー262のメッセージ編集委員会・著（ぴあ）￥1,050

メジャーデビューから4年の間に発したイチローのメッセージから、ヒット記録数分の262本を厳選して紹介。深く考えさせる言葉は、心に響きます。

●イチローが、苦しみながらも首位打者になった時期に発したメッセージ。その時々に言葉を選び、語った言葉の重さを感じてほしいと思います。

035『松井秀喜　55の言葉』

松下茂典・著（東京書籍）￥1,470

高校時代から日本プロ野球時代を経てメジャーまでの間に、松井秀喜選手が発した５５の言葉を紹介しています。巻末には全打席の詳細データも。

●松井選手は決して人の悪口を言わないそうです。そんな彼の言葉からは、野球の技術だけでなく人間としても大切なものを培ってきたことがわかります。

036『前略　がんばっているみんなへ　キタジマくんからのメッセージ』
北島康介・著（ベースボール・マガジン社）￥1,260

「壁は乗り越えるからこそ楽しい」。オリンピック金メダリストの北島康介選手から、夢を追いかけている子ども達へのメッセージ。

●漢字にはルビがふってあり、小学生にも読みやすい一冊。彼の水泳に打ち込むいちずな姿勢、周囲の人たちへの感謝の気持ちが書かれています。金メダルを取る選手のすごさ、生きざまは子どもたちに勇気を与えてくれます。

037『聞いて、ヴァイオリンの詩』
千住真理子・著（時事通信社）￥1,680

ヴァイオリニスト千住真理子さんのエッセイ。挫折を乗り越え、ヴァイオリンを通して多くのことを伝えようとする気持ちが感動的に綴られています。

●ヴァイオリニストとしての生きがいと苦悩とが、飾り気なく語られていて、共感するのではないでしょうか。また、子どもたちが、自分の将来を考える時、必ず参考になる本だと思います。

038『青い宇宙の冒険』
小松左京・著（講談社青い鳥文庫）￥756

新興住宅地にあるまもるの家の下から、不気味な音が響いてきました。調べてみると、ずっと前から60年ごとにこの現象が起こっているとの記録が。それを知ったまもるたちは、調査に向かい……。

●最初の１ページ目から読者を引きつけ、ぐいぐいと読ませるＳＦの大傑作。身近なところから始まった事件が宇宙を救うというストーリー展開は圧巻。

039『宇宙のみなしご』
森絵都・著（講談社）￥1,365

陽子とリンの姉弟は、夜中に屋根に登る遊びを考えつきます。屋根の上から見る広い夜空や星は格別。そこに仲間が加わりますが・・・

●姉の陽子は、「登校拒否」など、さまざまなできごとを通じて、自分とまわりの関係を少しずつ見つめ直します。子どもたちにとって、そんな様子が自分と重なり、優しく温かい気持ちになれる小説です。

040 『きよしこ』

重松清・著（新潮社）￥1,365

吃音で悩む「きよし」という名前の男の子。転校を繰り返し、友達の輪に入れない少年に訪れる奇跡のような救いとは…。

●きよしの苦しさに共感しながら、子どもたちは自分の中の悩みにも向かい合い、また、友達の中に隠されたさまざまな問題を、思いやることができるようになるでしょう。

041 『川の名前』

川端裕人・著（早川書房）￥735

三人の小学５年生は、夏休みの自由研究に、自分たちが住む地域を流れる川を調べることにしました。子どもたちの川をめぐる冒険がはじまり、驚くべき発見をするのです。

●地域と自然とのつながりに、主人公たちの視点を通じて気づくことができる作品。子どもたちの成長がさわやかでまぶしく感じられます。

042 『あのころはフリードリヒがいた』

ハンス・ペーター・リヒター・著　上田真而子・訳（岩波少年文庫）￥714

ドイツ人の少年は、隣に住むユダヤ人のフリードリヒと幼なじみでした。しかし、ヒトラー政権下のドイツでは、反ユダヤの嵐が巻き起こり、フリードリヒもまた死んでしまうのです。

●第二次世界大戦中のユダヤ人の少年の生きざま、死にざまに尽きる１冊。男の子であれば、『アンネの日記』より読みやすいかもしれません。

043 『清兵衛と瓢箪』

志賀直哉・著（集英社文庫『清兵衛と瓢箪・小僧の神様』所収）￥500

12歳の小学生の清兵衛は、瓢箪が大好き。ある日、彼が大事にしていた瓢箪を学校にまで持ちこみ、先生に取り上げられてしまいます。誰もが安物と思ったその瓢箪は、実は大変に価値のあるものでした。

●周囲が全く認めていなかった瓢箪に実は価値があったというところは、芸術の意味や子どもの目の確かさを考えさせてくれます。

044『雨の動物園—私の博物誌』

舟崎克彦・著（岩波少年文庫）¥672

7歳で母を失った少年は、野鳥の飼育にのめりこみ、「鳥博士」と呼ばれるほどになります。多感な少年時代を静かに映し出す自伝的作品。

●物語の原点にあるのは誰もが感じうる喪失感。それをどう癒し、成長したのか、鳥の飼育をする主人公を通して語られています。人にはそれぞれこだわるものがあり、成長もまたそれぞれだということに気づかせてくれるでしょう。

045『あすなろ物語』

井上靖・著（新潮文庫）¥460

北国の高校で青春時代を過ごした主人公鮎太は、長い大学生活の後に新聞記者となります。終戦までの日々を、明日は檜になろうと願う、あすなろの木になぞらえて描いた自伝的小説。

●主人公が、あすなろの木に自分を重ね、成長していきます。6つの話のうち1つだけ読んでも十分に楽しめると思います。

046『夏の庭　The　Friends』

湯本香樹実・著（新潮文庫）¥420

少年たちは、ひとり暮らしのおじいさんを観察し始めます。それはおじいさんが死ぬ瞬間をこの目で見たいという気持ちからでした。しかし、いつしかおじいさんへの情が芽ばえ、交流が始まります。

●三人の少年がおじいさんと親しくなっていく過程での心の動きが、子どもたちにリアルに伝わるでしょう。不思議で、切なく、心温まる物語。

047『今夜は眠れない』

宮部みゆき・著（講談社青い鳥文庫）¥798

サッカー少年の雅男はふつうの中学生。ある日突然、「放浪の相場師」が、お母さんに五億円の遺産を残し、平凡だった3人の家族はバラバラになってしまいます。そこで雅男は友人と真相究明に乗り出し……。

●家族をテーマにした推理小説なので、小説をあまり読んだことがない子でも読みやすい。たくみなストーリー展開に、思わず引きこまれます。

048『地球の狂った日』

ベリヤーエフ・著　福島正実・訳（国土社）¥1,020

突然の異常気象で、光の速度が変わり、世界中が変なふうにみえるようになってしまいます。こんな中でも新聞記者たちは特ダネを取ろうと争います。

●光のスピードが変わったらどうなるのか。読み物としても面白いのですが、科学的な視点を持って読むと、より楽しめると思います。

049『機関車先生』

伊集院静・著（講談社文庫）¥470

瀬戸内にある小島の小さな小学校。そこにやってきた先生は、なぜか口がきけません。子どもたちは「なぜ口がきけないのだろう」と憶測し、数々の事件がおこります。

●先生が子どもたちとの交流を通して、理解され、交流を深めていく様は感動的。人間のやさしさにふれることができる本だと思います。

050『すももの夏』

ルーマー・ゴッデン・著　野口絵美・訳（徳間書店）¥1,680

夏休みに訪れたフランス。母が入院したため、子どもたちだけでホテルで過ごすことになります。子どもたちは、大人の世界の裏側にふれることになりますが･･･。

●子どもたちだけで、ホテルに滞在という設定に夢があり、興味をそそられます。周りの大人たちのミステリアスさ、不思議さに引き込まれるでしょう。

051『ライ麦畑でつかまえて』

J.D. サリンジャー・著　野崎孝・訳（白水社）¥924

16 歳のホールデン・コールフィールドは、成績不振を理由に学校を退学させられてしまいます。疎外感に苦しめられたホールデンは、たったひとりで、巨大都市ニューヨークをさまよい続けます。

●思春期の少し早熟な少年の心理を生き生きと描く名作。いろいろなタイプの友人が登場するので、読み手も共感できるところが多いのでは？

052 『車輪の下』

ヘルマン・ヘッセ・著　高橋健二・訳（新潮文庫）¥340

少年ハンスは、周囲の期待に応えようと一生懸命勉強に打ちこみ、難関の神学校に入学します。しかし、そこでの生活は規則ずくめ。厳しい生活に耐えきれなくなったハンスは、勉強への熱意を失ってしまいます。

●まさに少年少女小説の王道ともいえる作品です。主人公の苦悩、友情、初恋が描かれ、また、世の中の不条理に立ち向かう少年の姿が心に残ります。

053 『少年時代』

トルストイ・著　藤沼貴・訳（岩波文庫）¥525

母親の死とともに、幼年時代は終わり、新たに少年時代が始まりました。そこでは大人の世界、異性への想いなど、見慣れたはずの光景が新たな意味を持つのです。トルストイの自伝小説。

●トルストイ自身が少年時代に経験した父親との相克、親子関係の難しさ、奥深さが描かれています。読者が自身を振り返るきっかけとなれば。

054 『イワンのばか』

トルストイ・著　金子幸彦・訳（岩波少年文庫）¥756

軍人、商人、農民の３兄弟に悪魔がちょっかいを出します。農民のイワンだけは悪魔のわなにはまらず、実直に働き続けますが･･･。

●素朴さや純朴さがイワンを守ります。小賢しくない価値を子どもに実感させられる物語です。

055 『ひめゆりの沖縄戦　少女は嵐のなかを生きた』

伊波園子・著（岩波ジュニア新書）¥819

沖縄の激戦の中を生きた、十代の少女たち。危険を極めた激務は、彼女たちを死の危険にさらしていたのです。戦況は悪化し、逃避行を経て、ついには追い詰められ……。

●年ごろの女の子たちが、極限状態の中でどのように過ごしていたのかが描かれています。ぜひ、沖縄戦の実態を知ってほしいと思います。

056『海のふた』

よしもとばなな・著（中公文庫）¥520

ふるさと西伊豆の小さな町はさびれていました。実家に戻った私はかき氷店をはじめ、自分らしく生きる道を探しますが･･･。

●顔に傷があり、人目を避けている女の子と、傷ついて生きる気力を失いかけた主人公の触れ合いが、美しい西伊豆の大自然の中で描かれています。とくに、夕焼けの描写が秀逸。

057『海峡の光』

辻仁成・著（新潮文庫）¥380

少年の日、優等生の仮面の下で残酷に私を苦しめ続けた、「あいつ」が受刑者となって、刑務所の看守をしている私の前に現れます。

●かつて自分をいじめた同級生に対し、劣等感がよみがえります。子どものころの鬱屈した気持ちを大人になっても引きずっている主人公の気持ちは、誰もが共感できるのでは？

058『夢にも思わない』

宮部みゆき・著（角川文庫）¥650

９月になると下町の庭園で行われる虫聞きの会。そこで起こった殺人事件。殺されたのは僕の大好きな同級生クドウさんの従妹でした。僕は親友の島崎とともに、真相究明に乗り出します。

●主人公が少年であり、身近で事件が起こるという設定なので読みやすいのでは。登場する庭園の名前や下町の地名に関心を持って読むのも楽しい。

059『トニオ・クレエゲル』

トーマス・マン・著　実吉捷郎・訳（岩波文庫）¥420

文学、音楽を愛し、美へのあこがれを抱く主人公のトニオ。そのあまりにも細やかな感性ゆえに、社会と芸術との間で苦悩するのです。

●この小説はトーマス・マンの若き日の自画像なのです。ナイーブな少年の心の内がどんなものか、本書を通じて知ってもらえればと思います。

060『九月の空』

高橋三千綱・著（角川文庫）￥483

勇は剣道にはげむ15歳の高校生。性へのあこがれやおそれ、孤立感などから彼の心は大きく揺れ動き……。剣道へのひたむきな思いとともに、青春模様がさわやかに描かれた芥川賞受賞作。

●少年の剣道に打ちこむ日常が中心に描かれた、これぞ青春小説といえる作品。歯切れよくわかりやすい文体は読みやすく、実にさわやかです。

061『裸の王様』

開高健・著（新潮文庫『パニック・裸の王様』所収）￥460

絵画教室の講師をする男のところに、無口な少年が連れられてきました。彼が描くのは電車やチューリップばかり。親の期待に必死で応えようとする少年の心は……。

●主人公と少年の触れ合いが、絵画教室を舞台に描かれた作品です。多くの子どもたちが登場するので、小学生でも読みやすいのではないでしょうか。

062『ミラクル』

辻仁成・著（新潮文庫）￥380

ピアニストの父親とともに、各地を転々と旅する息子アル。妻の死を受け入れられない父に、母は生きていると言われ、アルはそれを信じているのです。

●少年のいちずな心とそれを支える父親の優しさ、寛大さなど、全編に詩情が漂います。父親とともに旅を続ける少年アルが、クリスマスの夜に体験した奇跡がこの物語のハイライト。

063『生きることの意味　ある少年のおいたち』

高史明・著（ちくま文庫）￥441

戦時下の日本に生まれた朝鮮人の少年は、とてつもなくつらい出来事を経験し、ついには死を考えます。そんな彼を支えたのは、人間の優しさでした。

●小学校に入ってから迫害を受けた少年は、悩んだり非行に走ったりします。少年時代に抱きやすい劣等感とどう向き合うか、考えさせられる作品。

064『古代への情熱　シュリーマン自伝』

シュリーマン・著　関楠生・訳（新潮文庫）¥380

シュリーマンは、少年時代にトロイア戦争の物語を読み、遺跡の発掘を志します。財産を作り、猛烈な勉強の末、ついに夢を実現するのでした。

●本を読むのはあまり得意ではない子どもでも、社会科が好き、歴史が好きなら入りやすいでしょう。ピラミッドなどに興味があれば、考古学の話と堅く考えなくても楽しめるはず。

065『ハックルベリー・フィンの冒険』全2巻

マーク・トウェイン・著　西田実・訳（岩波文庫）¥525・¥588

乱暴者の父親から逃げ出して、ハックの冒険が始まります。カヌーやいかだに乗って続ける川の旅。ハックの心はどこまでも広く、豊かで自由なのです。

●アメリカで虐げられた存在だった主人公の少年たちが、自由を求めて旅立つところは、思春期の入り口にいる子どもたちの心理と近いものがある。

066『光車よ、まわれ！』

天沢退二郎・著（ジャイブピュアフル文庫）¥693

ある朝、一郎はクラスの雰囲気がいつもとは違うことに気づきます。おかしな事件が次々と起こり、一郎は神秘的な美少女龍子らとともに、「敵」を破る力を持つ光車を探すことになるのですが……。

●水の中の世界と現実世界の子ども同士の戦いを描いています。子どもの身近な日常で起きるあやかしと、勧善懲悪ではないストーリーが魅力。

067『ブランコのむこうで』

星新一・著（新潮文庫）¥420

ある日学校の帰り道に自分とそっくりな男の子に出会ったぼく。男の子の後をつけていき、そのまま不思議な世界に入ってしまいます。少年の、夢の国での冒険が始まります。

●いろいろな世界にもぐりこんでいく楽しさがあります。主人公がさまざまな世界に迷いこんで出会う出来事の、日常とはかけ離れた設定が面白い。

068『海底二万マイル』

ジュール・ベルヌ・著　南本史・訳（ポプラポケット文庫）¥599

船が沈没して溺れているところを助けられた私たちは、潜水艦ノーチラス号と未知の海底旅行をすることになります。ネモ艦長の海底旅行の目的とは？

●私たちが日常見ることのない海底の世界がありありと描写され、見知らぬ世界を感じることができる物語。読み手の想像力をかきたてます。

069『夏への扉』

ロバート・A・ハインライン・著　福島正実・訳（早川書房）¥756

発明家ダニイは、何もかも失ったあげくに冷凍睡眠で30年後の未来へ送りこまれます。真相究明のため、タイムマシンで再び過去に戻ったダニィは……。世界三大SF作家ハインラインの最高傑作。

●ストーリーの構成はもちろん、猫が登場する場面の描写が見事。時間をテーマにしている面白さ、物語の巧みさで、読みだしたら止まりません。

070『三十棺桶島』

モーリス・ルブラン・著　南洋一郎・訳（ポプラ社）¥630

大西洋の孤島に伝わる30の棺桶と、十字架にかけられた4人の女たちの伝説。そして、再び惨劇が。悪魔の予言、神の石の謎とはいったい……？

●とても怖い小説ですが、読み手を引きつける力のある作品です。怖さにつられて、つい読み進んでしまうのではないでしょうか。

071『アクロイド殺人事件』

アガサ・クリスティ・著　茅野美ど里・訳（偕成社文庫）¥840

財産家アクロイド氏が刺殺され、彼の書斎から消えた一通の手紙……。財産をめぐる複雑な関係、完全に偽装された犯罪を、名探偵ポワロが解き明かします。

●実はポワロの助手の手記にも、隠されたトリックがあります。入り組んだトリックが暴かれる結末は衝撃的。アガサ・クリスティの実力が光っています。

072『八十日間世界一周』
ジュール・ベルヌ・著　鈴木啓二・訳（岩波文庫）¥840

1872年10月2日午後8時45分。ロンドンの資産家フォッグ氏は「八十日間あれば世界を一周できる」という賭けをします。少しでも遅れたら2万ポンドを失うことになるのですが……。

●80日間で世界一周できるのか、とハラハラしながら読むのが楽しい作品。まだ飛行機のない時代の世界旅行を、味わいながら読んでください。

073『宇宙船乗組員』
レイ・ブラッドベリ・著　大西尹明・訳（創元SF文庫『ウは宇宙船のウ』所収）¥924

宇宙船乗組員のお父さんが帰ってきます。お母さんは喜びますが、お父さんは再び宇宙に旅立たなければなりません。

●宇宙にいると家が気になり、家に帰ると宇宙が気になる。そういう父親に対する子どもの複雑な心境が描かれています。SF小説でありながら、親子や夫婦の関わりを考えさせられます。

074『モモ』
ミヒャエル・エンデ・著　大島かおり・訳（岩波書店）¥1,785

時間どろぼう「灰色の男たち」と、人の悩みを解消させる能力を持つ女の子、モモの不思議な物語。時間に追われている現代の人々に、モモが時間の真の意味を気づかせてくれます。

●時間の大切さ、人と人とがどうやってつながっていけるかが味わえる作品です。忙しい大人たちは、身につまされるかもしれません。

075『モンテ・クリスト伯』全3巻
アレクサンドル・デュマ・著　竹村猛・訳（岩波少年文庫）¥798～¥840

幸せの絶頂で、陰謀によってとらわれの身となり、無実の罪で投獄された若者エドモン。14年後に脱獄し、モンテ・クリスト伯となって、復讐を開始します。

●無実の罪をきせられたことに対して復讐を遂げていくところは、実に痛快。復讐といういわば人間の暗黒の世界を、本を通じて知るのもよいでしょう。くり返し読むのにも耐えうる名作。

076 『三銃士』 全2巻

アレクサンドル・デュマ・著　生島遼一・訳（岩波少年文庫）各¥672

17世紀のフランス。田舎からパリにやってきた若者、ダルタニャン。枢機卿の陰謀に巻き込まれますが、そこで出会い親友となった三人の近衛銃士たちとともに、命がけで立ち向かいます。

●実に面白い冒険活劇であり、また三人の友情物語ともいえます。三人の主人公に自分を重ね、共通点を探してみてもいいですね。

077 『家なき子』 全3巻

エクトール・マロ・著　二宮フサ・訳（偕成社文庫）各¥735

捨て子だったレミは、旅芸人のおじいさんと旅をしていきます。つらいことばかりですが、それでも希望を捨てないレミを待っているものとは……？

●主人公は本当にひどい目にあうのですが、そんな絶望的な状況の中でも楽しいことを見つけ、前向きに生きています。希望を持って生きる大切さに気づかされる物語です。

078 『時をかける少女』

筒井康隆・著（角川文庫）¥460

中学3年生の少女和子は、理科実験室でラベンダーの香りをかいで意識を失います。そして時間を行き来できるタイム・リープという能力が備わるのですが……。

●同じことが二度くり返されるという展開が面白い。突然超能力が備わり、できないことができるようになるというところなど、夢を見させてくれる作品です。

079 『潮騒』

三島由紀夫・著（新潮文庫）¥420

美しい南の小島。磯の香りと明るい太陽の下、若くたくましい漁師と美しい少女との純愛物語。いくつもの障害や不運を、乗り越えることができるのでしょうか。

●三島作品の中では異色の、わかりやすく読みやすい純愛小説。肉体がぶつかり合うところも、さらりと表現されているので清純な印象。

080 『名人伝』

中島敦・著（角川文庫『李陵・山月記　弟子・名人伝』所収）￥500

天下一の弓の名人になろうと志を立てた紀昌が、これぞと思う名手たちに次々と師事し、修行の末「不射の射」を体得していきます。

●少し難しい短編ですが、内容が実に深く、読ませます。弓の修行の内容の面白さはもちろん、本当の名人とは何かということを、読者なりに考えさせられる作品です。

081 『最後の授業　ぼくの命があるうちに』

ランディ・バウシュ・著　矢羽野薫・訳（ランダムハウス講談社）￥1,575

大学教授であるバウシュは46歳。ガンにおかされ、医師から告げられた余命は3カ月から半年。最後の授業の演題は「子どものころからの夢を本当に実現するために」。

●彼が人生でしてよかったこと、悪かったことを迷いなく語っています。インパクトのあるメッセージはわかりやすく、子どもの心に響くことでしょう。

082 『ご冗談でしょう、ファインマンさん』全2巻

R・P・ファイマン・著　大貫昌子・訳（岩波現代文庫）各￥1,155

20世紀を代表する天才物理学者であり、ノーベル物理学賞を受賞したファインマンが、自らの人生をユーモアたっぷりに語っています。少年時代からの愉快なエピソードがつまった書。

●全部を読み通すのは難しいですが、彼の子どものころのさまざまないたずら、こだわりなどの部分だけでも、興味を持って読んでください。

083 『老人と海』

アーネスト・ヘミングウェイ・著　福田恆存・訳（新潮文庫）￥420

老漁師サンチャゴは、長い不漁にもめげずたったひとりで小舟で出漁します。そしてついに巨大なカジキがかかり、老人はこの大物と4日にわたる苦闘の末、ついに勝つのですが……。

●海辺のゆったりした情景から一転して、やがて訪れる老人と海との闘い。その格闘の徹底的な描写から、海の厳しさが迫ってきます。

084『嵐が丘』
エミリー・ブロンテ・著　鴻巣友季子・訳（新潮文庫）¥740

ヨークシャーにそびえる嵐が丘の屋敷。その主人に拾われたヒースクリフは屋敷の娘に焦がれながら主人の虐待に耐えます。しかし、娘に結婚話が持ち上がり絶望したヒースクリフは･･･。

●イングランドの荒涼とした自然の中で繰り広げられる恋愛小説。背景の自然描写がすばらしく、読後感に爽やかな印象を持てる秀作。

085『ジェーン・エア』全2巻
シャーロット・ブロンテ・著　大久保康夫・訳（新潮文庫）各¥660

孤児として伯母に育てられたジェーンは虐待され、不幸な子ども時代をおくります。学校を卒業後、家庭教師として赴いた館で、主と出会ったことから、ジェーンの運命は大きく変わっていきます。

●もがきながら人生を歩むジェーンにどこからか響いてくる声（この声がまた、魅力的なのです）。物語の最後は感慨深い。

086『悪い仲間』
安岡章太郎・著（講談社文芸文庫『ガラスの靴・悪い仲間』所収）¥1,155

幼少からの孤立感、悪い仲間との交流。自分の劣等感を埋めようと、主人公は必死に生きようとします。

●作者の子どものころを題材にした小説。悪い仲間と関係を持ちながら、世の中を見る目を養うなど、生きる基盤ができる過程が描かれています。

087『家族八景』
筒井康隆・著（新潮文庫）¥460

目の前の人の心を読み取る能力を持つ、お手伝いさんの七瀬。彼女は、その能力を人に知られないようにするため、さまざまな家庭を移り住みます。彼女が見た八件の住人の心の闇とは……？

●人間の醜い一面が見える作品ですが、七瀬が超能力者であるという設定が魅力的。いつもとは違った視点から家族について考えるきっかけになる小説。

088『壁』

安部公房・著（新潮文庫）￥460

ある朝突然、自分の名前を失ってしまった男。事務所の名札には「Ｓ.カルマ」と書かれているのですが……。

●内容が難しいかもしれませんが、もし子どもに少し背伸びをさせたいなら、ぜひ読ませてあげたい作品。社会は自分を肩書きでしか見ていないということをかいま見せてくれます。

089『白鯨』全2巻

ハーマン・メルヴィル・著　田中西二郎・訳（新潮文庫）￥740・￥780

イシュメールがあこがれを抱き、乗り組んだ捕鯨船の船長エイハブ。彼とモービィ・ディックと呼ばれる巨大な白い鯨をめぐる戦いの物語。

●雄大な海を背景に繰り広げられる海洋小説。大きな鯨と漁師の死闘は鬼気迫るものがあり、その場にいるかのような臨場感を感じることができます。

090『人間の証明』

森村誠一・著（角川文庫）￥700

西条八十の詩集をタクシーに残した黒人が、エレベーターの中で殺されました。刑事は被害者の過去を追い、日米共同の捜査の中で意外な容疑者がうかびあがります。

●何をもって人間とするのかを考えさせてくれます。少し大人びた文体で難しいかもしれませんが、魅力的な推理小説なのでおすすめします。

091『点と線』

松本清張・著（新潮文庫）￥460

海岸で発見された女性の遺体。一見、疑う余地のない心中事件と思われましたが、その裏には恐るべき事実があったのです。列車時刻表を駆使した巧妙なトリック。社会派ミステリーの傑作。

●トリックがすばらしく巧妙。時刻表を使った推理小説はほかにもありますが、この作品の右に出るものはないといっても過言ではありません。

092 『老師と少年』

南直哉・著（新潮社）¥998

自分を見失いつつあるひとりの少年。ある夜、少年は「答え」を求めて、森の庵に住む老師を訪ねます。そこで、問答が繰り広げられるのでした。

●「命とは」「自分とは」といった哲学的なテーマについて問答形式で書かれています。考え、悩むことこそ大事だということが伝わってきます。

093 『四千万歩の男』 全5巻

井上ひさし・著（講談社文庫）各¥920～¥980

伊能忠敬は56歳から16年もの間、「二歩で一間」の歩みで日本全国を歩き尽くし、実測の日本地図を完成させました。この間の歩数はなんと四千万歩だったのです。

●日本全国を歩き尽くした伊能忠敬のすごさを感じてください。また、小学生のうちにぜひ井上ひさしさんに触れてほしいと思います。全五巻と大作ですが、一巻だけ読むのもいいでしょう。

094 『西遊記』 全3巻

呉承恩・著　伊藤貴麿・訳（岩波少年文庫）各¥756～¥798

花果山の石から生まれた孫悟空は、さまざまな術を使って大活躍。三蔵法師とともに、経典を求めてインドを目指した旅を描いた物語。

●大活躍の孫悟空と知的な三蔵法師、ちょっと間抜けな猪八戒や沙悟浄との珍道中が楽しい。旅行記の原点ともいえる作品。

095 『三国志』 全8巻

吉川英治・著（講談社吉川英治歴史時代文庫）各¥798

中国は後漢、霊帝の時代のこと。政治は腐敗し、民衆は苦しめられていました。青年劉備は、関羽、張飛とともに、世を救うことを誓います。100年にもわたる壮大な世紀のドラマ。

●『三国志』はもとはこの時代の出来事を記した歴史書であり、「三顧の礼」「苦肉の計」などたくさんの四字熟語の源。ぜひ読んでほしいと思います。

残念ながら絶版などで、現在は手に入れにくい作品の中にもおすすめの本があります。

お近くの図書館などにありましたら、手に取ってみてはいかがでしょうか。

＊「重版未定」は2009年5月現在のものです。

001 『潮騒の少年』

ジョン・フォックス・著　越川芳明・訳（新潮社）絶版

何だってうまくいきそうで何ひとつうまくいかない16歳の夏。ハイスクールに通うビリーは倦怠感にさいなまれていた。でも、年上の大学生アルフレッドだけはきらめいて見えた……。

●同性へのあこがれは多くの人が持ちうる自然な感情。主人公と年上の大学生との関係は美しく描かれ、共感できるのではないでしょうか。読後感も爽やか。

002 『つぶやき岩の秘密』

新田次郎・著（新潮社）絶版

2歳のときに海難事故で両親を失い、祖父母に育てられ三浦半島の海岸近くで生活する少年。彼は両親の死に関わる「つぶやき岩」の秘密を解こうとするが、次々と奇怪なことが起こり……。

●新田次郎が子どものために書き下ろした物語。少年の生い立ちが事件の真相とともに解明されていく展開。一気に読めます。

003『ユリアと魔法の都』

辻邦生・著（筑摩書房）絶版

主人公ユリアは電車に乗って寝ている間に、別の世界へ行ってしまいます。そこは子どもがすべてを運営している世界。何かが足りないと感じたユリアは、それを取り戻そうとします。

●迷いこんだ都市の矛盾に気づいたユリア。物語の結末は切ないところもありますが、街や建物、人物の描写が美しく、魅力を感じさせてくれます。

004『時計塔の秘密』

江戸川乱歩・著 （ポプラ社）¥714 重版未定

おじの持つ屋敷に幽霊塔と呼ばれる時計塔があった。ここで6年前、老婆殺人事件があった。そこで出会った女性が手首をひた隠すところに、私はある秘密を感じた。

●『幽霊塔』を子ども向けに書き直したもの。人里離れた洋館、幽霊、謎の美女、莫大な財宝と、つい読みたくなるような設定が心憎い。

005『ちくま哲学の森 別巻 定義集』

鶴見俊輔・安野光雅・森毅・編（筑摩書房）¥2,940 重版未定

「愛」に始まり「国家」「退屈」に寄り道して、「笑い」に至る450項目の定義集。1日1項目。ゆっくりと効いてきます。

●さまざまな言葉が用意され、それらについて詩人や哲学者などが書いたものを抜粋しています。1つの言葉からいろいろなことを想像することができる本です。

006『かべの中のアフリカ』

レイ・ブラッドベリ・著 福島正実・訳（講談社青い鳥文庫『ふしぎな足音』所収） ¥693 重版未定

近未来の家族の様子を描いたSF小説。子ども部屋が幻想装置になっていて立体映画が映せるようになっている。そこが楽しくて出てこなくなる子どもたちは、両親さえも煩わしくなり……。

●近未来では、すべてが機械化され、親子の感情もねじれているのかもしれません。結末は、どこか身につまされる怖さがある。

おわりに

最後までお読みいただき、ありがとうございます。

この本を執筆するにあたり、最も考えさせられたのは、現代の子どもたちを取りまく環境でした。

本を読み、その内容に感銘を受けたり、様々なことを考えさせられたりすることを、子供にすら許さないような時代。子供のうちに培うべきものがどこかに置き忘れられてしまっている状況。

しかし一方で、私が麻布学園に勤めていて感じるのは、麻布には確かに能力のある生徒が揃っていますが、それを伸ばしていける者は、間違いなく読書家であるということ、また、学年を問わず、読書に勤しみ出すと、一定期間後に必ず学力がぐんと伸びるということです。効果がそれにとどまらないことは言うまでもありません。

本というメディアは、実はいまだに大変な鉱脈であり、特に良書と呼ばれるものの価値は、現代においてもはかり知れません。

この本では、ごくごくその入り口を示しただけに過ぎませんが、一見狭く見えるその門が、実は誰にでも気軽に出入りできる場所であることを皆さんに読んで感じていただけるとよいなあと思います。

そして、時代に流されて遅きに失することのないよう、子どもたちの伸び盛りの心に、良書の栄養を吸収させ、血肉化させていただくのに、この本が役立つことを、願ってやみません。


感謝の思いを、最後に述べたいと思います。

まず、この本を書く原体験を与えてくれた生徒たち一人一人に。君たちとの出会いがなかったら、私にこの本を書く動機は生まれませんでした。

次に、そもそも本を著すこと自体をためらっていた私に、力と機会とを与え、粘り強く支えてくださった編集の中西彩子氏、原稿の作成を大いに手助けしてくださった竹中裕子氏。お二人の助力と熱意とがなかったら、この本は日の目を見なかったことでしょう。敬服と感謝の思いが尽きません。元『ｅｄｕ』編集部の瀧沢裕子氏にも、お世話になりました。

また、つたない原稿を読み、真摯な助言をくださった同僚の佐久間道則氏や父・母。少しはよくなったでしょうか。またご批評ください。

それから、妻の貴子と娘の千尋へ。君たちの存在がなかったら、私の思いを一冊の本に仕上げるなどということは、そもそもありえませんでした。二人に「理解と協力とを、本当にありがとう」。

その他、この本に携わって下さった全ての方々、そして、様々な書物（の著者）たちに。

二〇〇九年六月

中島克治

中島克治　なかじま・かつじ
麻布学園中学・高校を経て、東京大学文学部卒業。
博士課程に進んだ後、麻布学園中学・高校国語科教諭となる。
幼いころからの膨大な読書経験と、さまざまなジャンルの本に対する深い造詣をもって、
人間性を育てて深めるための読書の重要性を伝え、読書への関心を高める指導を
精力的に行っている。一女の父。

編集協力　竹中裕子

制作　苅谷直子・市村浩一・池田靖
宣伝　下河原哲夫
販売　松田綾子
編集　中西彩子

できる子は本をこう読んでいる
小学生のための　読解力をつける　魔法の本棚

2009年7月8日　初版1刷発行
2009年8月25日　初版2刷発行

著者　中島克治
発行者　佐藤宏
発行所　株式会社　小学館
〒101-8001　東京都千代田区一ツ橋2-3-1
電話　編集　03-3230-5170
販売　03-5281-3555

印刷所　萩原印刷株式会社
製本所　牧製本印刷株式会社

ISBN 978-4-09-837386-4